WONTON-BIBELEN

100 opskrifter til at mestre kunsten at lave Wonton

Clara Sjöberg

Copyright materiale ©2025

Alle rettigheder forbeholdes

Uden korrekt skriftligt samtykke fra udgiveren og copyright-indehaveren kan hans bog ikke bruges eller distribueres på nogen måde, form eller form, undtagen for korte citater, der er brugt i en anmeldelse. Denne bog bør ikke betragtes som en erstatning for medicinsk, juridisk eller anden professionel rådgivning.

INDHOLDSFORTEGNELSE

INDHOLDSFORTEGNELSE..3
INTRODUKTION...8
MORGENMAD...9
1. Sød-og-syr vaflede rejer Wontons........................10
2. Bacon og Æg Wontons...13
3. Wonton Quiche Cups...15
4. Banan Nutella Wontons..17
5. Wonton Morgenmad Tacos..19
6. Wonton French Toast..21
7. Pølse og ost Wontons..23
8. Wonton morgenmadspizza..25
9. Wonton Breakfast Strudels..27
10. Spinat og Feta Wonton Quiches............................29
11. Wonton Morgenmad Empanadas..........................31
12. Skinke og ost Wonton Cups....................................34
13. Pølse og æg Wonton Bites.......................................36
14. Avocado og æg Wonton kopper.............................38
15. Wonton Morgenmad Burritos................................40
16. Veggie og ost Wonton kopper................................42
SNACKS OG FORRETTER..44
17. Wonton Sambussa..45
18. Krabbe Ragoon..48
19. Varme kopper til spinat og artiskok....................50
20. Italienske Wonton Nachos.....................................52
21. Stegte grøntsagswontons..55

22. Fedtfattig cannoli med hindbærsauce........................58
23. Wonton cannoli..61
24. Sorte Sesam Wonton Chips..64
25. Varme og krydrede grydeklistermærker................66
26. Japanske potstickers...69
27. Osteagtig forårskylling wraps...................................71
SALATER OG SIDER..73
28. Ærte- og nudelsalat med Wonton-strimler............74
29. Stablet kyllingesalat...76
30. Mason krukke kinesisk kyllingesalat.....................79
31. Kinesisk kyllingesalat med Wontons......................81
32. Wonton salat med rejer..84
33. Asiatisk salat med Wontons......................................86
34. Krydret Wonton salat...88
35. Sesam ingefær Wonton salat......................................90
36. Avocado Wonton salat..92
37. Thai Wonton salat..94
38. Grillet kylling Wonton salat.....................................96
39. Krydret tun Wonton salat...98
40. BBQ Chicken Wonton salat..100
41. Rejer og Mango Wonton salat...................................102
42. Thai peanut Wonton salat...104
43. Teriyaki Tofu Wonton salat......................................106
44. Caprese Wonton salat..108
45. Krydret tun Wonton salat..110

46. Antipasto Wonton salat..112
47. Southwestern Wonton salat..114
48. Grillet kylling Caesar Wonton salat......................116
49. Græsk Wonton salat...118
50. Ristede roe- og gedeost Wonton- salat..................120
SUPPE..122
51. Keto Wonton suppe..123
52. Klassisk Wonton bouillonsuppe..............................125
53. Wonton Dumplings Suppe...129
54. Wontons i en let sesam-sojabouillon med ærter...132
55. Simpel wonton suppe..135
56. Klassisk svinekød Wonton suppe............................138
57. Vegetarisk Wonton- suppe..140
58. Kylling og grøntsag Wonton suppe.........................142
59. Krydret rejer Wonton suppe....................................144
60. Thai kokos karry Wonton suppe.............................146
61. Ingefær svinekød Wonton suppe.............................149
62. Hvidløg rejer Wonton suppe....................................151
63. Krydret Szechuan Wonton -suppe..........................153
64. Vegetarisk Wonton- suppe..155
65. Citrongræs kylling Wonton suppe..........................157
66. Sød og sur svinekød Wonton- suppe......................159
67. Tom Yum Reje Wonton suppe.................................162
68. Tyrkiet Wonton suppe..165
69. Krabbe Rangoon Wonton suppe..............................167

70. Spicy Beef Wonton -suppe..169
71. Rejer og kammusling Wonton suppe.....................171
72. Wonton-suppe med jordnøddesmørsauce.............173
73. Wonton suppe med grøntsager og nudler.............176
HOVEDRET...178
74. Ravioli med mascarpone og kammuslinger..........179
75. Hawaiiansk Grillet tun med tang.............................183
76. Bagte grøntsags- og skaldyrswontons....................186
77. Grøntsags- og skaldyrswontons...............................188
78. Ande- og ingefærwontons...190
79. Go Gees med Ground Turkey...................................192
80. Potstickers med Konjac risvin..................................194
81. Traditionel Gow Gees..196
82. Siu Mai Dumplings..198
83. Dampede okseboller..200
84. Blandet blomster og ost ravioli...............................202
85. Sprøde krabbe- og flødeost-wontons....................204
86. Svinekød Momos...206
87. Air Fried Cream Cheese Wontons..........................208
88. Kål og svinekød Gyoza...210
89. Bagte grøntsags- og skaldyrswontons...................213
90. Hakket svinekød wonton..215
DESSERT..218
91. Nutella Wontons..219
92. Nutella Banan Wontons..221

93. Dessert Nutella Wontons..223
94. Bagte pærer i Wonton chips og honning................226
Forberedelsestid: 20 minutter...227
95. Chokolade Banan Wontons......................................228
96. Æble kanel Wontons..230
97. Jordbærflødeost Wontons...232
98. Blåbær Lemon Wontons..234
99. S'mores Wontons..236
100. Hindbærflødeost Wontons......................................238
KONKLUSION...240

INTRODUKTION

Velkommen til WONTON-BIBELEN, hvor vi udforsker den lækre verden af det kinesiske køkken gennem linsen af denne elskede ret. Wontons er små, dumpling-lignende pakker, der er fyldt med en række salte ingredienser og traditionelt serveret i en duftende bouillon. De er en fast bestanddel i det kinesiske køkken og er blevet populære over hele verden for deres unikke smag og teksturer.

I denne kogebog tager vi dig med på en kulinarisk rejse gennem wontons forskellige stilarter, fra klassisk svinekød og rejer til vegetariske og dessertvarianter. Vi vil give trin-for-trin instruktioner om, hvordan du laver dine egne wonton-indpakninger og fyld, samt tips til tilberedning og servering af dem. Uanset om du er en garvet kok eller nybegynder i køkkenet, er der noget for enhver smag i denne kogebog.

MORGENMAD

1. Sød-og-syr vaflede rejer Wontons

UDBYTTE: Giver 16 wontons

INGREDIENSER

- 8 ounce kogte og kølede rejer (31-40 count eller 41-50 count), pillede, haler fjernet
- 1 stor æggehvide, let pisket
- ¼ kop finthakket spidskål, både grønne og hvide dele
- 1 fed hvidløg, hakket
- 2 tsk lys brun farin
- 2 teskefulde destilleret hvid eddike
- ½ tsk revet eller hakket frisk ingefær
- ¾ tsk salt
- ½ tsk friskkværnet sort peber
- 1 pakke wonton wrappers (mindst 32 wrappers), omkring 3½ tommer pr. side
- Nonstick madlavningsspray
- Ingefær-Sesam Dipping Sauce (opskrift følger)

1 Hak rejerne fint, så de næsten ender som en pasta. Hvis du vil bruge en foodprocessor, bør en halv snes hurtige pulser opnå dette. Læg de hakkede rejer i en mellemstor skål.

2 Tilsæt æggehvide, spidskål, hvidløg, sukker, eddike, ingefær, salt og peber til rejerne, rør rundt for at blande grundigt, og sæt til side.

3 Forvarm vaffeljernet højt. Forvarm ovnen på den laveste indstilling.

4 For at danne dumplings skal du fjerne en wonton-indpakning fra pakken. Brug en wienerbrødsbørste eller

en ren finger til at fugte alle 4 kanter af indpakningen. Læg en lille spiseskefuld af rejeblandingen i midten og top med en anden wonton-indpakning. Tryk langs kanterne for at forsegle. Vandet skal fungere som lim. Hvis du finder en plet, der ikke klistrer, tilsæt lidt mere vand. Læg den færdige wonton til side, dæk med et fugtigt håndklæde, og form resten.

5 Beklæd begge sider af vaffeljernsgitteret med nonstick-spray. Sæt så mange wontons på vaffeljernet, som det passer, og luk låget. Kog i 2 minutter før kontrol. Wonton-indpakningen skal miste sin gennemsigtighed, og vaffelmærkerne skal være dybt gyldenbrune. Dette kan tage op til 4 minutter. Fjern de kogte wontons og hold dem varme i ovnen, mens de andre koger.

6   Server wontons med ingefær-sesam-dipping sauce.

2. Bacon og Æg Wontons

INGREDIENSER
12 wonton indpakninger
6 skiver bacon, kogt og smuldret
6 æg, rørte
Salt og peber efter smag
Hakket grønne løg til pynt
Rutevejledning:

Forvarm ovnen til 350°F.

Spray en muffinform med non-stick madlavningsspray.

Tryk en wonton-indpakning i hver muffinkop.

Fyld hver wonton kop med røræg og bacon.

Smag til med salt og peber.

Bag i 15-20 minutter, til wontonsene er sprøde og gyldenbrune.

Pynt med hakkede grønne løg og server.

3. Wonton Quiche Cups

INGREDIENSER

12 wonton indpakninger
4 æg
1/2 kop mælk
1/2 kop revet cheddarost
Salt og peber efter smag
Frisk hakket persille til pynt
Rutevejledning:

Forvarm ovnen til 375°F.

Spray en muffinform med non-stick madlavningsspray.

Tryk en wonton-indpakning i hver muffinkop.

I en skål piskes æg og mælk sammen.

Rør den revne cheddarost i og smag til med salt og peber.

Hæld æggeblandingen i wonton-kopperne.

Bages i 15-20 minutter, indtil quichekopperne er hævede og gyldenbrune.

Pynt med hakket frisk persille og server.

4. Banan Nutella Wontons

INGREDIENSER

12 wonton indpakninger
1 banan, skåret i skiver
1/4 kop Nutella
Puddersukker til pynt
Rutevejledning:

Forvarm ovnen til 350°F.

Læg wonton-indpakningerne ud på en flad overflade.

Fordel en lille mængde Nutella i midten af hver indpakning.

Top med en skive banan.

Fold wonton-omslaget på midten diagonalt, og tryk på kanterne for at forsegle.

Læg wontonsene på en bageplade beklædt med bagepapir.

Bages i 8-10 minutter, til wontonsene er sprøde og gyldenbrune.

Drys med flormelis og server.

5. Wonton Morgenmad Tacos

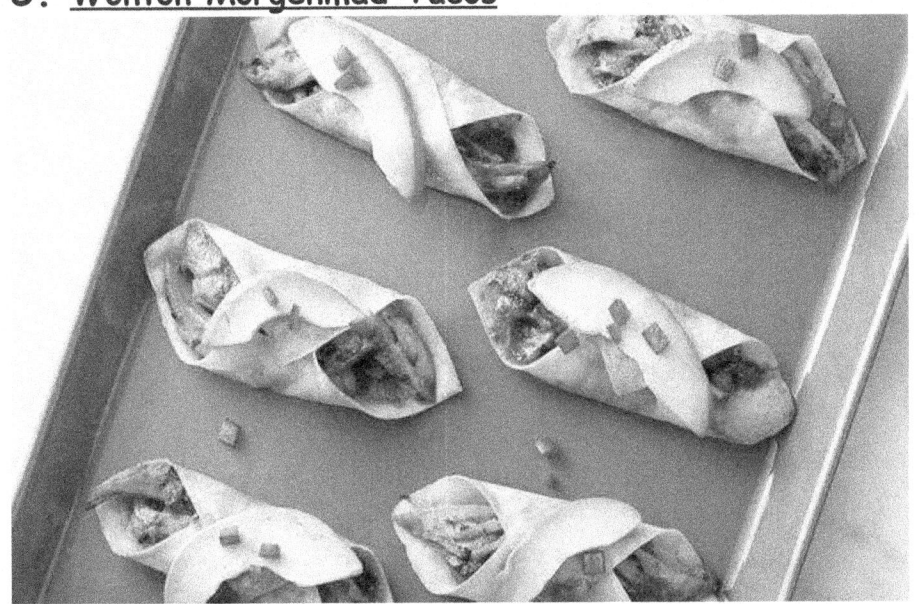

INGREDIENSER

12 wonton indpakninger
6 æg, rørte
1/2 kop sorte bønner, skyllet og drænet
1/4 kop revet cheddarost
1 avocado i tern
2 spsk hakket frisk koriander
Salt og peber efter smag
Salsa til servering
Rutevejledning:

Forvarm ovnen til 375°F.

Spray en muffinform med non-stick madlavningsspray.

Tryk en wonton-indpakning i hver muffinkop.

Fyld hver wontonkop med røræg, sorte bønner og revet cheddarost.

Smag til med salt og peber.

Bag i 15-20 minutter, til wontonsene er sprøde og gyldenbrune.

Top hver wonton-kop med avocado i tern og hakket frisk koriander.

Server med salsa.

6. Wonton French Toast

INGREDIENSER

12 wonton indpakninger
2 æg
1/2 kop mælk
1 tsk vaniljeekstrakt
1/2 tsk stødt kanel
1/4 tsk stødt muskatnød
2 spsk usaltet smør
Puddersukker og ahornsirup til servering
Rutevejledning:

I et lavt fad piskes æg, mælk, vaniljeekstrakt, stødt kanel sammen og stødt muskatnød.
2. Smelt smørret i en slip-let pande ved middel varme.

Dyp hver wonton-indpakning i æggeblandingen, og sørg for at dække begge sider.

Placer wonton-indpakningerne i gryden og steg indtil de er gyldenbrune, cirka 1-2 minutter på hver side.

Server wonton fransk toast varm, drysset med flormelis og dryppet med ahornsirup.

7. Pølse og ost Wontons

INGREDIENSER

12 wonton indpakninger
1/2 pund morgenmadspølse, kogt og smuldret
1/2 kop revet cheddarost
2 grønne løg, hakket
Salt og peber efter smag
Rutevejledning:

Forvarm ovnen til 375°F.

Spray en muffinform med non-stick madlavningsspray.

Tryk en wonton-indpakning i hver muffinkop.

Fyld hver wontonkop med kogt pølse og revet cheddarost.

Smag til med salt og peber.

Bag i 15-20 minutter, til wontonsene er sprøde og gyldenbrune.

Top hver wonton kop med hakkede grønne løg og server.

8. Wonton morgenmadspizza

INGREDIENSER

12 wonton indpakninger
1/2 kop pizzasauce
1/2 kop revet mozzarellaost
4 skiver bacon, kogt og smuldret
4 æg, stegt
Salt og peber efter smag
Frisk hakket persille til pynt
Rutevejledning:

Forvarm ovnen til 375°F.

Spray en bageplade med non-stick madlavningsspray.

Læg wonton-indpakningerne ud på bagepladen.

Fordel en lille mængde pizzasauce på hver indpakning.

Drys revet mozzarella ost ovenpå.

Top med kogt bacon og et spejlæg.

Smag til med salt og peber.

Bages i 10-12 minutter, til osten er smeltet og boblende.

Pynt med hakket frisk persille og server.

9. Wonton Breakfast Strudels

INGREDIENSER

12 wonton indpakninger
4 ounce flødeost, blødgjort
1/4 kop jordbærsyltetøj
1 æg, pisket
1 spsk vand
Puddersukker til pynt
Rutevejledning:

Forvarm ovnen til 375°F.

I en lille skål røres flødeost og jordbærsyltetøj sammen.

Læg wonton-indpakningerne ud på en flad overflade.

Hæld en lille mængde af flødeostblandingen på hver indpakning.

Fold wonton-omslaget på midten diagonalt, og tryk på kanterne for at forsegle.

I en separat skål piskes det sammenpiskede æg og vand.

Pensl wontons med æggevask.

Bag i 15-20 minutter, til wontonsene er sprøde og gyldenbrune.
Drys med flormelis og server.

10. Spinat og Feta Wonton Quiches

INGREDIENSER

12 wonton indpakninger
4 æg
1/2 kop mælk
1/2 kop smuldret fetaost
1 kop friske spinatblade, hakket
Salt og peber efter smag
Rutevejledning:

Forvarm ovnen til 375°F.
Spray en muffinform med non-stick madlavningsspray.
Tryk en wonton-indpakning i hver muffinkop.
I en skål piskes æg og mælk sammen.
Rør smuldret fetaost og hakkede spinatblade i.
Smag til med salt og peber.
Hæld æggeblandingen i wonton-kopperne.
Bages i 15-20 minutter, indtil quichene er sat og gyldenbrune på toppen.

Serveres varm eller ved stuetemperatur.

11. Wonton Morgenmad Empanadas

INGREDIENSER

12 wonton indpakninger
1/2 pund morgenmadspølse, kogt og smuldret
1/4 kop hakket løg
1/4 kop grøn peber i tern
1/4 kop rød peber i tern
1/4 kop revet cheddarost
Salt og peber efter smag
Rutevejledning:

Forvarm ovnen til 375°F.

Spray en bageplade med non-stick madlavningsspray.

Svits løg, grøn peber og rød peber i en stegepande, indtil de er bløde.

Tilføj den kogte pølse til stegepanden og rør for at kombinere.

Læg wonton-indpakningerne ud på en flad overflade.

Hæld en lille mængde af pølseblandingen på hver indpakning.

Drys revet cheddarost ovenpå.

Smag til med salt og peber.

Fold wonton-omslaget på midten diagonalt, og tryk på kanterne for at forsegle.

Bag i 15-20 minutter, til wontonsene er sprøde og gyldenbrune.
Serveres varm eller ved stuetemperatur.

12. Skinke og ost Wonton Cups

INGREDIENSER

12 wonton indpakninger
1/2 kop skinke i tern
1/2 kop revet cheddarost
2 grønne løg, hakket
Salt og peber efter smag
Rutevejledning:

Forvarm ovnen til 375°F.

Spray en muffinform med non-stick madlavningsspray.

Tryk en wonton-indpakning i hver muffinkop.

Fyld hver wontonkop med skinke i tern og revet cheddarost.

Smag til med salt og peber.

Bag i 15-20 minutter, til wontonsene er sprøde og gyldenbrune.

Top hver wonton kop med hakkede grønne løg og server.

13. Pølse og æg Wonton Bites

INGREDIENSER

12 wonton indpakninger
1/2 pund morgenmadspølse, kogt og smuldret
4 æg, røræg
Salt og peber efter smag
Rutevejledning:
1. Forvarm ovnen til 375°F.
2. Spray en mini muffinform med non-stick madlavningsspray.

Skær hver wonton-indpakning i kvarte.

Tryk en wonton wrapper-kvarte ned i hver mini-muffinkop.

Fyld hver wonton kop med kogt pølse og røræg.

Smag til med salt og peber.

Bag i 12-15 minutter, til wontonsene er sprøde og gyldenbrune.

Serveres varm eller ved stuetemperatur.

14. Avocado og æg Wonton kopper

INGREDIENSER

12 wonton indpakninger
2 modne avocadoer
4 æg, røræg
1/4 kop rødløg i tern
Salt og peber efter smag
Hakket frisk koriander til pynt
Rutevejledning:

Forvarm ovnen til 375°F.

Spray en muffinform med non-stick madlavningsspray.

Tryk en wonton-indpakning i hver muffinkop.

Mos avocadoerne i en skål med en gaffel.

Fyld hver wonton kop med moset avocado.

Top med røræg og hakket rødløg.

Smag til med salt og peber.

Bag i 15-20 minutter, til wontonsene er sprøde og gyldenbrune.

Pynt med hakket frisk koriander og server.

15. Wonton Morgenmad Burritos

INGREDIENSER

12 wonton indpakninger
6 æg, rørte
1/2 kop kogte sorte bønner
1/2 kop hakkede tomater
1/2 kop avocado i tern
1/4 kop hakket frisk koriander
Salt og peber efter smag
Rutevejledning:

Forvarm ovnen til 375°F.
Læg wonton-indpakningerne ud på en flad overflade.
Fyld hver wonton-indpakning med røræg, sorte bønner, hakket tomat og avocado i tern.
Drys hakket frisk koriander på toppen.
Smag til med salt og peber.
Fold wonton-omslaget til en burrito-form, og tryk på kanterne for at forsegle.
Læg wonton burritos på en bageplade beklædt med bagepapir.
8. Bag i 12-15 minutter, til wontonsene er sprøde og gyldenbrune. Serveres varm eller ved stuetemperatur.

16. Veggie og ost Wonton kopper

INGREDIENSER

12 wonton indpakninger
1/2 kop hakkede broccolibuketter
1/2 kop hakket rød peberfrugt
1/2 kop revet cheddarost
1/4 kop rødløg i tern
Salt og peber efter smag
Rutevejledning:

Forvarm ovnen til 375°F.

Spray en muffinform med non-stick madlavningsspray.

Tryk en wonton-indpakning i hver muffinkop.

Fyld hver wonton kop med hakket broccoli og rød peberfrugt.

Top med revet cheddarost og rødløg i tern.

Smag til med salt og peber.

Bag i 15-20 minutter, til wontonsene er sprøde og gyldenbrune.

Serveres varm eller ved stuetemperatur.

SNACKS OG FORRETTER

17. Wonton Sambussa

Udbytte: 16 kager

Ingrediens
- 1 kop brune linser
- ½ tsk cayennepepper
- 1 kop vand
- 1 tsk kanel
- ½ kop grøn peberfrugt i tern
- ¾ kop finthakkede løg
- Salt og kværnet sort peber efter smag
- 2 fed hvidløg; hakket
- 3 spsk olivenolie
- 8 wonton indpakninger
- 2 tsk sød ungarsk paprika
- 1 Æggeblomme pisket med en spiseskefuld
- Vand
- 1 tsk revet skrællet frisk ingefærrod
- 1 tsk malede korianderfrø
- Olie til friturestegning

a) Skyl linserne og bring dem i kog i vandet. Reducer varmen, læg låg på og lad det simre i 45 minutter. Svits imens løg og hvidløg i olivenolien, indtil løgene er gennemsigtige. Tilsæt krydderierne og hakkede peberfrugter og lad det simre under låg i 3 minutter, under jævnlig omrøring. Tag gryden af varmen.
b) Når linserne er møre, kombineres de med de sauterede grøntsager. Smag til med salt og peber.
c) Skær wonton-omslagene i to, så de danner rektangler. Læg en indpakning lodret på en flad overflade og pensl den med den piskede æggeblanding.

Læg en afrundet spiseskefuld af fyldet på den nederste ende af et af rektanglerne. Fold det nederste venstre hjørne op og over fyldet, indtil det møder højre kant af omslaget og danner en trekant. Vend derefter den fyldte trekant op og over, fold langs dens øverste kant. Fold den derefter over til venstre på diagonalen. Fortsæt med at folde, indtil du når enden af indpakningen og har dannet en pæn trekantet pakke.

d) Gentag denne proces med de andre wonton wrapper rektangler. Dybsteg hver wienerbrød indtil de er gyldne i 2 eller 3 tommer olie opvarmet til 360F. Du kan opbevare de stegte sambussaer i en varm ovn, indtil de alle er klargjort og klar til at blive serveret.

Sambussaer spises bedst varme.

18. Krabbe Ragoon

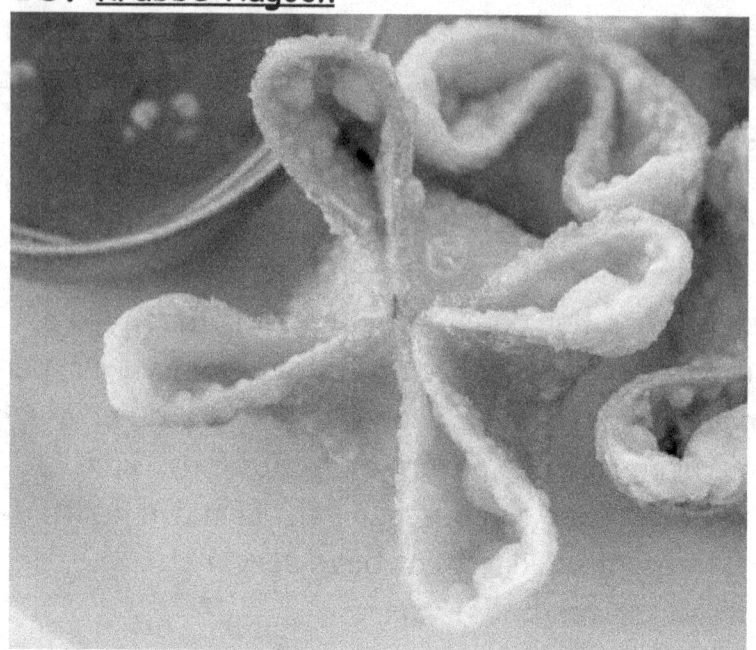

- 1 eller 2 pakker (8 ounce) Neufchatel ost, blødgjort (eller flødeost). Beløb baseret på hvor "cheesy" du foretrækker.
- 1 dåse (6 ounce) krabbekød, drænet og flaget 2 grønne løg inklusive toppe, i tynde skiver
- 1 fed hvidløg, hakket
- tsk Worcestershire sauce 1/2 tsk lite sojasauce
- 1 pakke (48 antal) Wonton skins vegetabilsk spraybelægning

a) Fyld: I en mellemstor skål kombineres alle ingredienser undtagen wontonskind og spraybelægning; bland indtil godt blandet.
b) For at forhindre Wonton-skind i at tørre ud, tilbered en eller to Rangoon ad gangen. Placer 1 tsk fyld i midten af hver wonton hud.
c) Fugt kanterne med vand; fold på midten for at danne en trekant, tryk på kanterne for at forsegle. Træk nederste hjørner ned og overlapper lidt; fugt det ene hjørne og tryk for at forsegle. Spray bageplade let med vegetabilsk belægning.
d) Arranger Rangoon på pladen og spray let til belægning. Bages i 425
e) Fahrenheit graders ovn i 12 til 15 minutter, eller indtil gyldenbrun. Serveres varm med sursød sauce eller sennepssauce.

19. Varme kopper til spinat og artiskok

- 24 wonton indpakninger
- 1 dåse (14 oz.) artiskokhjerter, drænet, finthakket
- 1 kop KRAFT revet mozzarellaost
- 1 stk. (10 oz.) frossen hakket spinat, optøet, presset tør
- 1/3 kop KRAFT Mayo med olivenoliereduceret fedt mayonnaise
- 1/3 kop KRAFT revet parmesanost
- 1/4 kop finthakket rød peberfrugt
- 2 fed hvidløg, hakket

a) Forvarm ovnen til 350
b) PLACER 1 wonton-indpakning i hver af 24 mini-muffinkopper, der er sprøjtet med madlavningsspray, med kanterne af indpakningen strækker sig over toppen af koppen. Bages 5 min. Imens kombineres de resterende ingredienser.
c) SKE artiskokblandingen i wonton kopper.
d) BAG 12 til 14 min. eller indtil fyldet er gennemvarmet og kanterne på kopperne er gyldenbrune.

20. Italienske Wonton Nachos

Gør: 1

INGREDIENSER
ALFREDO SAUCE
- 1 kop halv og halv
- 1 kop tung creme
- 2 spsk usaltet smør
- 2 fed hakket hvidløg
- ½ kop parmesan
- Salt og peber
- 2 spsk mel

NACHOS
- Wonton wrappers skåret i trekanter
- 1 Kylling kogt og strimlet
- Sauterede peberfrugter
- Mozzarella ost
- Oliven
- Persille hakket
- Parmesan ost
- Olie til stegning af jordnødder eller raps

INSTRUKTIONER
a) Tilsæt usaltet smør i en gryde og smelt ved middel varme.
b) Rør hvidløg i, indtil alt smørret er smeltet.
c) Tilsæt melet hurtigt og pisk konstant til det er klumpet sammen og gyldent.
d) Kombiner den tunge fløde og halv-og-halvt i en røreskål.
e) Bring det i kog, reducer derefter til lav varme og kog i 8-10 minutter, eller indtil det er tyknet.

f) Smag til med salt og peber.

g) Wontons: Opvarm olien i en stor stegepande over medium høj varme, cirka ⅓ af vejen op.

h) Tilsæt wontons en ad gangen og varm op, indtil de knapt er gyldne i bunden, og vend derefter og steg den anden side.

i) Læg et køkkenrulle over afløbet.

j) Forvarm ovnen til 350°F og beklæd en bageplade med bagepapir, efterfulgt af wontons.

k) Tilføj Alfredosauce, kylling, peberfrugt og mozzarellaost på toppen.

l) Sæt under slagtekyllingen i din ovn i 5-8 minutter, eller indtil osten er grundigt smeltet.

m) Tag ud af ovnen og top med oliven, parmesan og persille.

21. Stegte grøntsagswontons

Gør: 16 wontons

INGREDIENSER

- ¼ kop finthakkede gulerødder
- ¼ kop finthakket ekstra fast tofu
- ¼ kop finthakkede shiitakesvampe
- ½ kop fintsnittet kål
- 1 spsk hakket hvidløg
- 1 tsk tørret malet ingefær
- ¼ tsk hvid peber
- 2 tsk sojasovs, delt
- 1 tsk sesamolie
- 2 tsk kartoffelstivelse eller majsstivelse
- 16 wonton indpakninger
- 1 til 2 spritzes rapsolie eller ekstra jomfru olivenolie
- Krydret soja-dyppesauce

INSTRUKTIONER

a) I en stor skål kombineres gulerødder, tofu, svampe, kål, hvidløg, ingefær, hvid peber og 1 tsk sojasovs.

b) Kombiner den resterende 1 tsk sojasovs, sesamolie og kartoffelstivelse i en lille skål. Pisk indtil stivelsen er helt blandet. Hæld tofuen og grøntsagerne over og bland godt med hænderne.

c) Stil en lille skål med vand ved siden af din arbejdsflade for at lave dumplings. Læg en wontonindpakning fladt, væd siderne med vand med fingeren, og læg 1 spiseskefuld af fyldet i midten. Træk alle 4 hjørner af indpakningen op til toppen og midten og klem dem sammen. Sæt wontons i airfryer-kurven. Gentag denne proces, hvilket gør i alt 16 wontons. Drys wontons med rapsolien. Kog ved 360°F i 6 minutter, mens du ryster halvvejs i tilberedningstiden.

d) Overfør de stegte wontons til en tallerken og server med dipsaucen.

22. Fedtfattig cannoli med hindbærsauce

Gør: 6 portioner

INGREDIENSER

- 2 containere; (15 oz) fedtfri ricottaost
- 12 wontons; (4 tommer) indpakninger
- Madlavningsspray med smørsmag
- 1 tsk Majsstivelse opløst i 1 tsk vand; (til pasta)
- 6 spiseskefulde sukker
- $\frac{1}{2}$ tsk vaniljeekstrakt
- $\frac{1}{4}$ teskefuld mandelekstrakt
- 3 kopper friske hindbær
- 2 spiseskefulde konditorsukker; op til 4
- 2 tsk citronskal
- 1 spsk hakket; let ristede pistacienødder

INSTRUKTIONER

a) Dræn ricotta 6 til 8 timer

b) Forvarm ovnen til 400 grader F. Spray let 12 cannolirør med madlavningsspray. Start ved hjørner, vikl wontons rundt om rør. Lim med dup eller majsstivelsespasta. Spray let ydersiden af cannoli. Placer på en bageplade og bag indtil gyldenbrun og sprød, cirka 4 til 6 minutter. Lad det køle lidt af, og tag derefter dejen af rørene. Afkøl på en rist.

c) Fyld: Pisk ricotta, sukker og ekstrakter i en stor skål. Sæt til side eller overfør til en wienerbrødspose udstyret med en $\frac{1}{2}$-in. stjernetip.

d) Sauce: Purér hindbær i en foodprocessor. Si puréen gennem en sigte ned i en skål. Pisk konditorsukker og citronskal i. (Opskriften kan tilberedes flere timer i forvejen indtil dette trin.) 5. Brug en kagepose eller teske til at indsætte $\frac{1}{4}$ c blanding i hver skal. Drys ender med hakkede pistacienødder.

e) For at servere, hæld hindbærsauce på desserttallerkener.

f) Læg 2 cannoli på hver tallerken oven på hindbærsauce og server med det samme.

23. <u>Wonton cannoli</u>

Gør: 4 portioner

INGREDIENSER
24 wonton skins
Jordnøddeolie til friturestegning
Groft malede usaltede pistacienødder
Yderligere konditorsukker
Myntekviste

FYLDNING:
1 lb. Fedtfattig Ricotta ost, pisket glat
½ c sigtet konditorsukker
1 tsk ren vaniljeekstrakt
⅓ c barberet halvsød chokolade

INSTRUKTIONER
a) Opvarm olie i friture til 375°C. Arbejd med 6 wontonskind ad gangen.

b) Hold resten godt pakket ind i vokspapir og draperet med et let fugtet håndklæde. Placer et wonton-skind på arbejdsfladen og sæt et cannoli-rør diagonalt hen over midten af det. Hvis du ikke har et cannoli-rør, så form et rør med noget aluminiumsfolie. Bring siderne af huden op over røret. Forsegl overlappende spidser med en klat vand. Form wonton-skind omkring de resterende 5 rør. Kog 2 rør ad gangen, søm nedad i varm olie, i 30 sekunder eller bare indtil de er gyldne. Fjern med en tang og afdryp på køkkenrulle. Mens skallerne stadig er varme, skubbes de forsigtigt af rørene med en lille metalspatel og fingrene.

c) Gentag med det resterende skind, og sørg for, at rørene afkøles helt, før de pakkes ind med skind.

Fyldning:

d) Bland ricotta, konditorsukker, vanilje og chokolade.

e) Dæk til og afkøl i 2 timer eller natten over. Til servering: ske fyld i cannoli-skaller. En kagepose vil være meget nyttig her, eller skær et hjørne af en sandwichpose og klem blandingen ud af den. Dyp hver ende af fyldet i pistacienødder. Anret på en serveringsfad. Sigt ekstra sukker over hver og pynt med myntekviste.

24. Sorte Sesam Wonton Chips

Giver 24 chips

- 12 veganske Wonton-indpakninger
Ristet sesamolie
- 1/3 kop sorte sesamfrø
- Salt

Forvarm ovnen til 450°F. Olér en bageplade let og stil til side. Skær wonton-indpakningerne i to på kryds og tværs, pensl dem med sesamolie, og anbring dem i et enkelt lag på den forberedte bageplade.

Drys wonton-indpakninger med sesamfrø og salt efter smag, og bag indtil de er sprøde og gyldenbrune, 5 til 7 minutter. Afkøl helt inden servering. Disse spises bedst på den dag, de laves, men når de er afkølet, kan de tildækkes og opbevares ved stuetemperatur i 1 til 2 dage.

25. Varme og krydrede grydeklistermærker

GØR: 18 TIL 20 POT-STICKERS

ingredienser

Chili jordnøddeolie
- ½ kop sesamolie
- 1 fed hvidløg, knust
- 2 spsk rå peanuts
- 1 spsk rå sesamfrø
- 1 til 2 spiseskefulde knuste røde peberflager
- 1 tsk kosher salt

Pot klistermærker
- 4 spsk sesamolie
- 1 (1-tommer) stykke frisk ingefær, skrællet og revet
- 2 fed hvidløg, revet
- 4 kopper hakkede blandede grøntsager
- 2 spsk sojasovs med lavt natriumindhold
- 2 spsk grønne løg, hakket
- 18 til 20 wonton indpakninger
- ⅓ kop rå sesamfrø

Vejbeskrivelse

a) Lav chiliolien. I en lille gryde kombineres sesamolie, hvidløg, jordnødder og sesamfrø. Placer over medium varme og kog under omrøring, indtil dufter, cirka 5 minutter. Tag gryden af varmen og rør de røde peberflager i. Lad afkøle lidt. Overfør blandingen til en foodprocessor og puls, indtil jordnødderne er fintmalet, 30 sekunder til 1 minut. Tilsæt salt og puls igen for at kombinere.

b) Lav fyldet. Opvarm 1 spiseskefuld sesamolie i en stor stegepande over medium-høj varme. Når olien skinner, tilsæt ingefær, hvidløg og grøntsager og sauter under omrøring, indtil grøntsagerne er kogt ned, 5 til 10 minutter. Tilsæt sojasovsen og grønne løg og kog indtil al væsken er fordampet, 2 til 3 minutter mere. Tag gryden af varmen og lad den køle af.

c) Saml potteklistermærkerne. Læg wonton-indpakningerne ud på en ren arbejdsflade. Arbejd med én ad gangen, ske 1 spsk fyld på midten. Børst vand rundt om kanterne, og fold derefter indpakningen over fyldet for at skabe en halvmåne, og klem kanterne sammen for at forsegle. Gentag med det resterende fyld og omslag.

d) Læg sesamfrøene i en lav skål. Pensl bunden af grydeklistermærkerne med vand, og drej dem derefter i sesamfrøene, tryk for at klæbe.

e) Tør gryden ud, der blev brugt til at lave fyldet, og opvarm de resterende 3 spiseskefulde sesamolie over medium varme.

f) Arbejd i partier, når olien skinner, tilsæt nogle grydeklistermærker og kog, indtil bunden er lys gyldenbrun, 2 til 3 minutter. Hæld $\frac{1}{4}$ kop vand i og dæk straks gryden med et tætsluttende låg. Forsigtig: Stå tilbage; vandet vil sprøjte! Reducer varmen til medium-lav og damp grydeklistermærkerne, indtil indpakningerne er bløde over det hele, 3 til 4 minutter. Gentag med de resterende potteklistermærker.

g) Lad afkøle og server med chiliolien ved siden af til dypning.

26. Japanske potstickers

ingredienser

- 1 -ounce wonton-indpakninger
- 1½ kop hakket kål
- ½ kop. asiatiske spidskål, hakket
- ¼ kop. Gulerødder. Hakket
- 1 pund hakket svinekød
- sesamolie
- 1 fed hvidløg
- 1 hvidløg, finthakket
- 1 spsk sojasovs
- 1 ingefær, revet

Vejbeskrivelse

a) Kombiner svinekød, gulerod, kål, sesamolie, hvidløg, sojasovs og ingefær, indtil det er godt indarbejdet.

b) Spred wonton-indpakningerne på en meldrysset platform

c) Hæld en skefuld fyld på midten af hver indpakning

d) Fugt indpakningerne med vand og fold hver til en wrap

e) Juster kanterne for at lave et mønster

f) Læg dumplings i opvarmet olie og steg til de er gyldne, eller kog dem i en gryde

27. Osteagtig forårskylling wraps

Serverer: 12

2 store kyllingebryst, kogte og strimlede
2 forårsløg, hakket
10 ounce (284 g) Ricotta ost
1 spsk riseddike
1 spsk melasse
1 tsk revet frisk ingefær
¼ kop sojasovs
¹/₃ tsk havsalt
¼ tsk malet sort peber eller mere efter smag
48 wonton indpakninger
Madlavningsspray

Sprøjt airfryer-kurven med madlavningsspray.
Bland alle ingredienserne, undtagen indpakningen, i en stor skål. Kast for at blande godt.
Fold indpakningerne ud på en ren arbejdsflade, del derefter blandingen og hæld blandingen i midten af indpakningen.
Dup lidt vand på kanterne af indpakningen, og fold derefter kanten tæt ind til dig over fyldet. Stik kanten under fyldet og rul op for at forsegle.
Arranger wraps i gryden.
Sæt airfryer-kurven på bradepanden og skub den ind i Rack Position 2, vælg Air Fry, indstil temperaturen til 375°F (190°C) og indstil tiden til 5 minutter.
Vend wrapsene halvvejs i tilberedningstiden.
Når tilberedningen er færdig, skal wrapsene være let brunede.
Server straks.

SALATER OG SIDER

28. Ærte- og nudelsalat med Wonton-strimler

ingredienser
- 8 oz. Pocheret kylling, skåret i tynde skiver
- 8 oz. Sesam-blommedressing
- 16 ea. Mandarin orange segmenter
- 4 oz. Sprøde risnudler
- 4 oz. Sprøde Wonton Strips
- 4 oz. Blue Diamond Slivered Mandler, ristede
- 2 tsk. Sorte og hvide sesamfrø
- 1 kop (150 g) afskallede friske ærter
- 250 gram sukkerærter, afpudset
- 250 gram sneærter, trimmet
- 50 gram sneærtespirer

Vejbeskrivelse
1. Kom alle ingredienserne i en røreskål.
2. Bland ingredienserne sammen, indtil de er ensartet.
3. Hæld ingredienserne i en stor serveringsskål.
4. Læg stykkerne mandarin rundt om salaten.
5. Top salaten med lidt mere sprøde risnudler og wontons.
6. Drys de blå diamantskårne mandler og sesamfrø over salaten
7. Pynt salaten med nogle tynde skiver ærter.

29. Stablet kyllingesalat

Salat ingredienser
- 1 hoved Napa kål, skåret i 1/4-tommer strimler
- 1 lille hoved rødkål, udkernet og hakket
- 2 store gulerødder, skrællet og skrællet
- 2 bundter grønne løg, skåret i tynde skiver
- 1 stor engelsk agurk, finhåret
- 2 kopper kogt, afskallet edamame
- 2 kopper ristede jordnødder
- 4 grillede eller bagte hvidløg kyllingebryst i tern
- 1 lille bundt korianderblade, groft hakket
- 2 modne Hass avocadoer, skrællet, udstenet og skåret i 1/2-tommers terninger
- Lime Cilantro Thai Peanut Dressing Ingredienser
- 1/4 rød peberfrugt
- 1 lille bundt korianderblade
- 4 spsk rå honning eller rent ahornsukker
- 3 spsk riseddike (krydret eller ukrydret)
- 3 spsk limesaft
- 2 tsk dijonsennep
- 1/2 tsk asiatisk sesamolie
- 1/4 tsk hakket frisk ingefær
- 1/2 tsk kosher salt
- 1/4 kværnet sort peber
- 3 spsk cremet naturligt jordnøddesmør
- 1 1/2 tsk sojasovs med reduceret natrium eller tamari
- 1/4 tsk knuste røde peberflager
- 1/4 kop ekstra jomfru olivenolie eller rapsolie

Hvidløg Kylling Ingredienser
- 2 pund udbenet, skindfri kyllingebryst
- 6 spsk olivenolie

- 2 spsk finthakket hvidløg
- 1 spsk sojasovs med reduceret natrium eller tamari
- 1/2 tsk kosher salt
- Sprøde bagte Wontons-ingredienser
- 1 pakke wonton-indpakninger eller 2 ounce (1 bundt) risstænger (fint)
- oil mister fyldt med højvarme olie som raps eller raffineret tidselolie

Vejbeskrivelse

1. Kom olivenolie og krydderier i en stor Ziploc-pose. Tilsæt kyllingebryst og ryst/rør rundt, indtil det er godt dækket.
2. Kom peberfrugt og korianderblade i en blender eller arbejdsskålen på en foodprocessor. Tilsæt de resterende ingredienser undtagen olivenolien. Process indtil glat, omkring 30 til 60 sekunder. tilsæt olivenolien i en tynd stråle.
3. Grill kyllingen i 3 til 4 minutter på hver side. Lad afkøle.
4. Læg wontonsene ud over en stor smurt bageplade. Sprøjt derefter et tyndt lag olie over toppen af alle wontons og bag dem, indtil de er gyldenbrune.
5. Placer Napa og rødkål, gulerødder, spidskål, agurk og edamame i en meget stor røreskål og vend for at blande. Tilsæt kyllingetern til røreskålen.
6. Tilsæt peanuts og avocado i tern lige inden servering.
7. Dryp dressing over salaten, og top med knækkede wonton-stykker. Server straks.

30. Mason krukke kinesisk kyllingesalat

ingredienser
- ½ kop risvinseddike
- 2 fed hvidløg, presset
- 1 spsk sesamolie
- 1 spsk friskrevet ingefær
- 2 tsk sukker eller mere efter smag
- ½ tsk sojasovs med reduceret natrium
- 2 grønne løg, skåret i tynde skiver
- 1 tsk sesamfrø
- 2 gulerødder, skrællet og revet
- 2 kopper engelsk agurk i tern
- 2 kopper strimlet lilla kål
- 12 kopper hakket grønkål
- 1 ½ kopper tilovers hakket rotisserie kylling
- 1 kop wonton strimler

Vejbeskrivelse

a) TIL VINAIGRETEN: Pisk eddike, hvidløg, sesamolie, ingefær, sukker og sojasovs sammen i en lille skål. Fordel dressingen i 4 (32-ounce) bredmundede glaskrukker med låg.

b) Top med grønne løg, sesamfrø, gulerødder, agurk, kål, grønkål og kylling. Stil på køl i op til 3 dage. Opbevar wonton-strimlerne separat.

c) For at servere skal du ryste indholdet af en krukke og tilføje wonton-strimlerne.

d) Server straks.

31. Kinesisk kyllingesalat med Wontons

INGREDIENSER

4 kopper strimlet romainesalat
1 kop revet kogt kylling
1/2 kop revet gulerødder
1/2 kop hakket rødkål
1/2 kop skåret agurk
1/2 kop skåret rød peberfrugt
1/4 kop hakket koriander
1/4 kop hakket grønt løg
1/4 kop hakkede jordnødder
8 wonton-indpakninger, stegt og hakket
Forbinding:

2 spsk sojasovs
2 spsk riseddike
1 spsk honning
1 spsk sesamolie
1 spsk revet ingefær
1 fed hvidløg, hakket
Rutevejledning:

I en stor skål kombineres romainesalat, kogt kylling, strimlede gulerødder, rødkål, agurk, rød peberfrugt, koriander, grønne løg og hakkede jordnødder.

I en lille skål piskes sojasovs, riseddike, honning, sesamolie, revet ingefær og hakket hvidløg sammen for at lave dressingen.

Hæld dressingen over salaten og vend den sammen.

Top med hakkede stegte wontons.

Server straks.

32. Wonton salat med rejer

INGREDIENSER

4 kopper blandet grønt
1/2 kop kogte rejer
1/2 kop agurk i tern
1/2 kop cherrytomater i skiver
1/4 kop rødløg i tern
1/4 kop radise i skiver
8 wonton-indpakninger, stegt og hakket
Forbinding:

3 spsk olivenolie
2 spsk balsamicoeddike
1 tsk dijonsennep
1 tsk honning
Salt og peber efter smag
Rutevejledning:

I en stor skål kombineres blandet grønt, kogte rejer, agurk i tern, cherrytomater i skiver, rødløg i skiver og radise i skiver.

I en lille skål piskes olivenolie, balsamicoeddike, dijonsennep, honning, salt og peber sammen for at lave dressingen.

Hæld dressingen over salaten og vend den sammen.

Top med hakkede stegte wontons.

Server straks.

33. Asiatisk salat med Wontons

INGREDIENSER

4 kopper blandet grønt
1/2 kop kogt strimlet kylling
1/2 kop revet gulerødder
1/2 kop skåret agurk
1/2 kop skåret rød peberfrugt
1/4 kop hakket koriander
1/4 kop hakket grønt løg
8 wonton-indpakninger, stegt og hakket
Forbinding:

3 spsk riseddike
1 spsk sojasovs
1 spsk honning
1 fed hvidløg, hakket
1/4 kop vegetabilsk olie
Salt og peber efter smag

Rutevejledning:
I en stor skål kombineres blandede grøntsager, kogt strimlet kylling, strimlede gulerødder, skåret agurk, skåret rød peberfrugt, koriander og grønt løg.

I en lille skål piskes riseddike, sojasauce, honning, hakket hvidløg, vegetabilsk olie, salt og peber sammen for at lave dressingen.

Hæld dressingen over salaten og vend den sammen.
Top med hakkede stegte wontons.
Server straks.

34. Krydret Wonton salat

INGREDIENSER

4 kopper hakket icebergsalat
1/2 kop kogt hakket svinekød
1/2 kop skåret agurk
1/2 kop skåret rød peberfrugt
1/4 kop hakket grønt løg
8 wonton-indpakninger, stegt og hakket
Forbinding:
2 spsk riseddike
1 spsk sojasovs
1 spsk hoisinsauce
1 spsk sriracha sauce
1 fed hvidløg, hakket
1/4 kop vegetabilsk olie
Salt og peber efter smag

Rutevejledning:
I en stor skål kombineres hakket icebergsalat, kogt hakket svinekød, skåret agurk, skåret rød peberfrugt og grønt løg i skiver.

I en lille skål piskes riseddike, sojasauce, hoisinsauce, srirachasauce, hakket hvidløg, vegetabilsk olie, salt og peber sammen for at lave dressingen.

Hæld dressingen over salaten og vend den sammen.

Top med hakkede stegte wontons.

Server straks.

35. Sesam ingefær Wonton salat

INGREDIENSER

4 kopper blandet grønt
1/2 kop kogte rejer
1/2 kop skåret agurk
1/2 kop skåret rød peberfrugt
1/4 kop hakket koriander
1/4 kop hakket grønt løg
8 wonton-indpakninger, stegt og hakket

Forbinding:
3 spsk riseddike
1 spsk sojasovs
1 spsk honning
1 fed hvidløg, hakket
1 spsk sesamolie
1 spsk revet ingefær
Salt og peber efter smag

Rutevejledning:
I en stor skål kombineres blandet grønt, kogte rejer, skåret agurk, skåret rød peberfrugt, koriander og grønt løg.

I en lille skål piskes riseddike, sojasovs, honning, hakket hvidløg, sesamolie, revet ingefær, salt og peber sammen for at lave dressingen.

Hæld dressingen over salaten og vend den sammen.
Top med hakkede stegte wontons.
Server straks.

36. Avocado Wonton salat

INGREDIENSER

4 kopper blandet grønt
1 avocado, skåret i skiver
1/2 kop cherrytomater
1/2 kop hakket rødløg
1/4 kop hakket koriander
8 wonton-indpakninger, stegt og hakket
Forbinding:

2 spsk olivenolie
1 spsk limesaft
1 fed hvidløg, hakket
Salt og peber efter smag
Rutevejledning:

I en stor skål kombineres blandede grøntsager, skiver avocado, cherrytomater, skiver rødløg og koriander.

I en lille skål piskes olivenolie, limesaft, hakket hvidløg, salt og peber sammen for at lave dressingen.

Hæld dressingen over salaten og vend den sammen.

Top med hakkede stegte wontons.

Server straks.

37. Thai Wonton salat

INGREDIENSER

4 kopper hakket romainesalat
1/2 kop kogt hakket kylling
1/2 kop skåret agurk
1/2 kop hakket rødløg
1/4 kop hakket koriander
1/4 kop hakket grønt løg
8 wonton-indpakninger, stegt og hakket
Forbinding:

3 spsk limesaft
1 spsk fiskesauce
1 spsk honning
1 fed hvidløg, hakket
1/4 kop vegetabilsk olie
Salt og peber efter smag
Rutevejledning:

I en stor skål kombineres hakket romainesalat, kogt kværnet kylling, skåret agurk, snittet rødløg, koriander og grønt løg.
I en lille skål piskes limesaft, fiskesauce, honning, hakket hvidløg, vegetabilsk olie, salt og peber sammen for at lave dressingen.
Hæld dressingen over salaten og vend den sammen.
4. Top med hakkede stegte wontons.

Server straks.

38. Grillet kylling Wonton salat

INGREDIENSER

4 kopper blandet grønt
1 grillet kyllingebryst, skåret i skiver
1/2 kop skåret gulerod
1/2 kop skåret rød peberfrugt
1/4 kop hakket koriander
8 wonton-indpakninger, stegt og hakket
Forbinding:

2 spsk riseddike
1 spsk sojasovs
1 spsk honning
1 fed hvidløg, hakket
1/4 kop vegetabilsk olie
Salt og peber efter smag
Rutevejledning:

I en stor skål kombineres blandet grønt, skåret grillet kyllingebryst, skåret gulerod, skåret rød peberfrugt og koriander.

I en lille skål piskes riseddike, sojasauce, honning, hakket hvidløg, vegetabilsk olie, salt og peber sammen for at lave dressingen.

Hæld dressingen over salaten og vend den sammen.

Top med hakkede stegte wontons.

Server straks.

39. Krydret tun Wonton salat

INGREDIENSER

4 kopper blandet grønt
1/2 kop krydret tun
1/2 kop skåret avocado
1/2 kop skåret agurk
1/4 kop hakket grønt løg
8 wonton-indpakninger, stegt og hakket
Forbinding:

2 spsk sojasovs
1 spsk riseddike
1 spsk honning
1 fed hvidløg, hakket
1 spsk sesamolie
Salt og peber efter smag
Rutevejledning:

I en stor skål kombineres blandet grønt, krydret tun, skåret avocado, skåret agurk og grønt løg.

I en lille skål piskes sojasovs, riseddike, honning, hakket hvidløg, sesamolie, salt og peber sammen for at lave dressingen.

Hæld dressingen over salaten og vend den sammen.

Top med hakkede stegte wontons.

Server straks.

40. BBQ Chicken Wonton salat

INGREDIENSER

4 kopper blandet grønt
1/2 kop BBQ kylling, skåret i skiver
1/2 kop hakket rødløg
1/2 kop skåret avocado
1/4 kop hakket koriander
8 wonton-indpakninger, stegt og hakket
Forbinding:

2 spsk BBQ sauce
1 spsk ranchdressing
1 fed hvidløg, hakket
Salt og peber efter smag
Rutevejledning:

I en stor skål kombineres blandede grøntsager, skiver BBQ kylling, skiver rødløg, skiver avocado og koriander. I en lille skål piskes BBQ-sauce, ranchdressing, hakket hvidløg, salt og peber sammen for at lave dressingen.
Hæld dressingen over salaten og vend den sammen.
Top med hakkede stegte wontons.
Server straks.

41. Rejer og Mango Wonton salat

INGREDIENSER
4 kopper blandet grønt
1/2 kop kogte rejer
1/2 kop mango i tern
1/4 kop rødløg i tern
1/4 kop hakket koriander
8 wonton-indpakninger, stegt og hakket
Forbinding:

2 spsk limesaft
1 spsk honning
1 spsk olivenolie
1 fed hvidløg, hakket
Salt og peber efter smag
Rutevejledning:

I en stor skål kombineres blandede grøntsager, kogte rejer, mango i tern, rødløg i tern og koriander.

I en lille skål piskes limesaft, honning, olivenolie, hakket hvidløg, salt og peber sammen for at lave dressingen.

Hæld dressingen over salaten og vend den sammen.

Top med hakkede stegte wontons.

Server straks.

42. Thai peanut Wonton salat

INGREDIENSER

4 kopper blandet grønt
1/2 kop kogt kylling, skåret i skiver
1/4 kop skåret agurk
1/4 kop skåret rød peberfrugt
1/4 kop skåret gulerod
8 wonton-indpakninger, stegt og hakket

Forbinding:
2 spsk jordnøddesmør
1 spsk sojasovs
1 spsk riseddike
1 spsk honning
1 fed hvidløg, hakket
1 spsk vand
Salt og peber efter smag

Rutevejledning:
I en stor skål kombineres blandet grønt, snittet kogt kylling, skåret agurk, skåret rød peberfrugt og skåret gulerod.

I en lille skål piskes jordnøddesmør, sojasauce, riseddike, honning, hakket hvidløg, vand, salt og peber sammen for at lave dressingen.

Hæld dressingen over salaten og vend den sammen.

Top med hakkede stegte wontons.
Server straks.

43. Teriyaki Tofu Wonton salat

INGREDIENSER

4 kopper blandet grønt
1/2 kop teriyaki tofu, skåret i skiver
1/4 kop hakket rødløg
1/4 kop skåret gulerod
1/4 kop hakket koriander
8 wonton-indpakninger, stegt og hakket
Forbinding:

2 spsk sojasovs
1 spsk riseddike
1 spsk honning
1 fed hvidløg, hakket
1 spsk sesamolie
Salt og peber efter smag
Rutevejledning:

I en stor skål kombineres blandede grøntsager, skiver teriyaki tofu, skiver rødløg, skiver gulerod og koriander.

I en lille skål piskes sojasovs, riseddike, honning, hakket hvidløg, sesamolie, salt og peber sammen for at lave dressingen.

Hæld dressingen over salaten og vend den sammen.

Top med hakkede stegte wontons.

Server straks.

44. Caprese Wonton salat

INGREDIENSER

4 kopper blandet grønt
1/2 kop cherrytomater, halveret
1/2 kop friske mozzarellakugler, halveret
1/4 kop hakket basilikum
8 wonton-indpakninger, stegt og hakket
Forbinding:

2 spsk balsamicoeddike
1 spsk olivenolie
Salt og peber efter smag
Rutevejledning:

Kombiner blandede grøntsager, cherrytomater, frisk mozzarella og basilikum i en stor skål.
I en lille skål piskes balsamicoeddike, olivenolie, salt og peber sammen for at lave dressingen.
Hæld dressingen over salaten og vend den sammen.
Top med hakkede stegte wontons.
5. Server straks.

45. Krydret tun Wonton salat

INGREDIENSER
4 kopper blandet grønt
1/2 kop tun på dåse, drænet
1/4 kop hakket rødløg
1/4 kop skåret agurk
1/4 kop hakket koriander
8 wonton-indpakninger, stegt og hakket
Forbinding:

2 spsk sriracha
1 spsk riseddike
1 spsk honning
1 fed hvidløg, hakket
Salt og peber efter smag
Rutevejledning:

I en stor skål kombineres blandet grønt, dåsetun, skåret rødløg, skåret agurk og koriander.

I en lille skål piskes sriracha, riseddike, honning, hakket hvidløg, salt og peber sammen for at lave dressingen.

Hæld dressingen over salaten og vend den sammen.

Top med hakkede stegte wontons.

Server straks.

46. <u>Antipasto Wonton salat</u>

INGREDIENSER

4 kopper blandet grønt
1/4 kop skåret salami
1/4 kop hakket pepperoni
1/4 kop skiveskåret provolone ost
1/4 kop ristede røde peberfrugter i skiver
8 wonton-indpakninger, stegt og hakket
Forbinding:

2 spsk rødvinseddike
1 spsk olivenolie
1 fed hvidløg, hakket
Salt og peber efter smag
Rutevejledning:

I en stor skål kombineres blandede grøntsager, skiver salami, skiver pepperoni, skiver provolone ost og skiver ristede røde peberfrugter.

I en lille skål piskes rødvinseddike, olivenolie, hakket hvidløg, salt og peber sammen for at lave dressingen.

Hæld dressingen over salaten og vend den sammen.

Top med hakkede stegte wontons.

Server straks.

47. Southwestern Wonton salat

INGREDIENSER

4 kopper blandet grønt
1/2 kop sorte bønner, skyllet og drænet
1/2 kop majskerner
1/4 kop avocado i tern
1/4 kop rødløg i tern
1/4 kop hakket koriander
8 wonton-indpakninger, stegt og hakket
Forbinding:

2 spsk limesaft
1 spsk olivenolie
1 fed hvidløg, hakket
1/2 tsk chilipulver
Salt og peber efter smag
Rutevejledning:

I en stor skål kombineres blandede grøntsager, sorte bønner, majskerner, avocado i tern, rødløg i tern og hakket koriander.

I en lille skål piskes limesaft, olivenolie, hakket hvidløg, chilipulver, salt og peber sammen for at lave dressingen.

Hæld dressingen over salaten og vend den sammen.

Top med hakkede stegte wontons.

Server straks.

48. Grillet kylling Caesar Wonton salat

INGREDIENSER

4 kopper romainesalat, hakket
1/2 kop grillet kylling, skåret i skiver
1/4 kop barberet parmesanost
1/4 kop croutoner
8 wonton-indpakninger, stegt og hakket
Forbinding:

2 spsk mayonnaise
1 spsk citronsaft
1 fed hvidløg, hakket
1 tsk dijonsennep
Salt og peber efter smag
Rutevejledning:

I en stor skål kombineres hakket romainesalat, skåret grillet kylling, barberet parmesanost og croutoner.
I en lille skål piskes mayonnaise, citronsaft, hakket hvidløg, dijonsennep, salt og peber sammen for at lave dressingen.
3. Hæld dressingen over salaten og vend sammen.

Top med hakkede stegte wontons.

Server straks.

49. Græsk Wonton salat

INGREDIENSER

4 kopper blandet grønt
1/4 kop smuldret fetaost
1/4 kop skiver Kalamata oliven
1/4 kop skåret agurk
1/4 kop hakkede tomater
8 wonton-indpakninger, stegt og hakket
Forbinding:

2 spsk rødvinseddike
1 spsk olivenolie
1 fed hvidløg, hakket
1/2 tsk tørret oregano
Salt og peber efter smag
Rutevejledning:

I en stor skål kombineres blandet grønt, smuldret fetaost, skivede Kalamata-oliven, skåret agurk og tomat i tern.

I en lille skål piskes rødvinseddike, olivenolie, hakket hvidløg, tørret oregano, salt og peber sammen for at lave dressingen.

Hæld dressingen over salaten og vend den sammen.

Top med hakkede stegte wontons.

Server straks.

50. Ristede roe- og gedeost Wonton- salat

INGREDIENSER

4 kopper rucola
1/2 kop ristede rødbeder, skåret i skiver
1/4 kop smuldret gedeost
1/4 kop hakkede valnødder
8 wonton-indpakninger, stegt og hakket
Forbinding:

2 spsk balsamicoeddike
1 spsk olivenolie
1 fed hvidløg, hakket
1 tsk honning
Salt og peber efter smag
Rutevejledning:

Kombiner rucola, ristede rødbeder i skiver, smuldret gedeost og hakkede valnødder i en stor skål.
I en lille skål piskes balsamicoeddike, olivenolie, hakket hvidløg, honning, salt og peber sammen for at lave dressingen.
Hæld dressingen over salaten og vend den sammen.
Top med hakkede stegte wontons.
Server straks.

SUPPE

51. Keto Wonton suppe

6 ounce svinekød, groft hakket
- 8 mellemstore rejer, pillede og malede
- 1 spsk kinesisk vin eller tør sherry
- 2 spsk let sojasovs
- 1 tsk fintsnittet spidskål
- 1 tsk finthakket frisk ingefær
- 24 wonton indpakninger
- 3 dl hønsefond

Fintsnittet spidskål, til pynt.

I en skål blandes det hakkede svinekød og de hakkede rejer med risvinen eller sherryen, 1 T af sojasovsen, spidskålene og hakket ingefær. Blend godt og stil til side i 25-30 minutter, så smagene blander sig.

Læg 1 t af fyldet i midten af hver wonton-indpakning.

Fugt kanterne af hver wonton med lidt vand og tryk dem sammen med fingrene for at forsegle, og fold derefter hver wonton over.

For at tilberede, bring bouillonen i kog i en wok, tilsæt wontons og kog i 4-5 minutter. Tilsæt den resterende sojasovs og spidskål, overfør til individuelle suppeskåle og server.

52. Klassisk Wonton bouillonsuppe

INGREDIENSER
- 40 store wonton-indpakninger

TIL WONTON-FYLDET - REJER:
- 20 mellemstore rejer, pillede og udhulet, skåret i halve på langs
- ½ tsk kosher salt
- ½ tsk majsstivelse
- 1 tsk ekstra jomfru olivenolie

TIL WONTON-FYLDET - SVINEKØD:
- 1 pund 80% magert hakket svinekød
- 1 ½ spsk frisk ingefær, hakket
- 1 spsk Shaoxing risvin
- 2 spsk lys sojasovs
- 2 tsk majsstivelse
- 1 tsk brun farin
- 2 spsk ekstra jomfru olivenolie
- ½ tsk kosher salt, delt
- 6 ounce brøndkarse, hakket (ca. 4 kopper)

TIL WONTON SUPPEBUNDEN:
- 8 kopper kyllingebensbouillon (4 kartoner)
- 2 kopper brøndkarse eller andre ønskede grønne grøntsager (valgfrit)
- Salt og peber efter smag
- Hakket grønt løg til pynt
- Varm chiliolie eller sesamolie til drypning (valgfrit)

INSTRUKTIONER
a) Kombiner rejefyldets **INGREDIENSER** i en lille skål og bland godt. Sæt til side.

b) Kombiner svinekød, ingefær, Shaoxing-vin, let sojasovs, majsstivelse og sukker i en stor røreskål. Rør grundigt.
c) Tilsæt olivenolie, salt og brøndkarse i svinekødsblandingen. Brug begge dine hænder til at blande alle ingredienserne sammen.
d) Forbered en flad arbejdsflade ved at drysse med lidt mel. Spred det ud med hånden. Forbered en lille skål med vand på siden.
e) Pak nu wontons ind. Læg den ene indpakning fladt på din håndflade med den smalle side mod dig. Tag omkring 1 spsk svinekødsfyld op og læg i midten af wonton-indpakningen. Læg et stykke rejer ovenpå.
f) Løft den smalle side af indpakningen og fold mod den brede side af indpakningen, så fyldet dækkes helt. Den smalle side skal gå op til det punkt, hvor der er omkring en halv tomme plads tilbage til den brede side.
g) Dyp tommelfingeren lidt i vandet. Brug fingrene til at klemme de smalle og brede kanter af indpakningen sammen rundt om fyldet, bøj derefter wontonen i form af en sygeplejerskehue, og brug din våde tommelfinger til at presse de to ender sammen.
h) Gentag med resten af omslagene og læg wontons på arbejdsfladen i ét enkelt lag med lidt afstand mellem hver.
i) Bring en stor gryde vand i kog, tilsæt det antal wontons, du vil koge. Lad dem koge i cirka 5 minutter, indtil de flyder. Smag på en for at se om fyldet er gennemstegt.
j) Bring samtidig kyllingebensbouillon (2 kopper til 10-12 wontons) i kog i en anden gryde. Tilføj lidt

brøndkarse eller dine ønskede grønne grøntsager, som baby bok choy. Kog indtil grøntsagerne er visne, cirka 1-2 minutter. Smag til med salt og peber efter smag.

k) Overfør bouillonsuppebunden til en serveringsskål, og kom de kogte wontons i skålen med en hulske. Pynt med hakkede grønne løg og dryp med varm chiliolie eller sesamolie, hvis det ønskes. God fornøjelse!

53. Wonton Dumplings Suppe

Serverer: 6
INGREDIENSER

- Wonton indpakning, fireogtyve
- Finhakket spidskål, en tsk.
- finthakket ingefær, en tsk.
- Sojasauce, en spsk.
- Brun farin, en tsk.
- Kyllingebryst, strimlet, to
- Frisk spinat, en kop
- Rejer, et pund
- Vandkastanjer, otte ounce
- Svampe, skåret i skiver, en kop
- Risvin, en spsk.
- Hakket svinekød, otte ounce

INSTRUKTIONER

a) Bring hønsefond i kog, og tilsæt derefter alle ingredienserne.

b) Kog indtil kylling og rejer er gennemstegte, i cirka 10 minutter.

c) Bland svinekød, hakkede rejer, brun farin, risvin eller sherry, sojasovs, spidskål og hakket ingefær i en skål.

d) Blend godt og stil til side i 25-30 minutter, så smagen blander sig.

e) Tilsæt en tsk. af fyldet i midten af hver wonton-indpakning.

f) Fugt kanterne af hver wonton med lidt vand og tryk dem sammen med fingrene for at forsegle.

g) For at lave mad, tilsæt wontons til den kogende hønsefond og kog i 4-5 minutter.

54. Wontons i en let sesam-sojabouillon med ærter

Gør: 4 portioner

INGREDIENSER
WONTONS
2 kopper fintsnittet napakål
2 spsk finthakket gule løg
¼ kop finthakkede grønne løg
1 spsk Nama Shoyu eller Bragg Liquid Aminos
1 spsk ristet sesamolie
1 opskrift Æblecrepes, dehydreret som anvist
SUPPEBASE
½ kop ærter, friske eller frosne
4 kopper vand

INSTRUKTIONER
For at lave wontonfyldet skal du placere kål, grønne løg, Nama
Shoyu og sesamolie i en skål og vend for at blande godt. Stil til side i mindst 15 minutter for at marinere og blødgøre.
For at lave wonton-indpakningerne skal du skære æblecrepes i seksten 3½-tommers firkanter.
For at fylde wontons, skal du først klemme al overskydende væske fra det marinerede fyld, og gemme marinaden til brug i suppebunden. Læg derefter en teskefuld fyld i midten af hver wonton-indpakning. Hold indpakningen med den skinnende side opad; det er den side der var mod foret. Fold på midten diagonalt for at lave en trekantform, og sørg for, at enderne mødes. Tryk hårdt ned på enderne for at forsegle. Fugt hjørnerne af din trekant ved at dyppe fingerspidsen i en

lille skål med vand, og bring de to ender sammen, så de overlapper hinanden. Tryk for at forsegle.

For at lave suppebunden hældes marinaden i en stor skål sammen med ærter og vand. Bland godt. Hæld i fire serveringsskåle. Tilsæt wontons og server straks.

55. Simpel wonton suppe

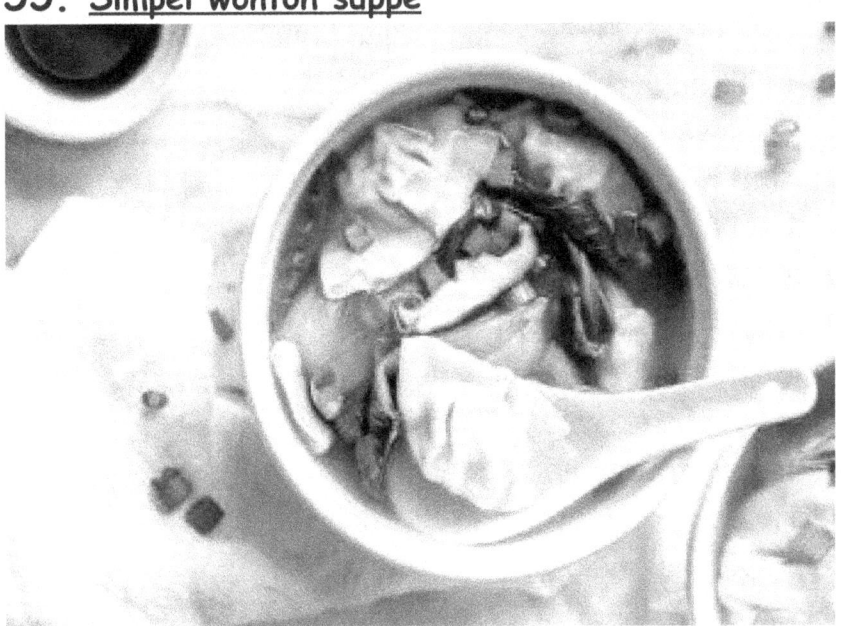

INGREDIENSER

- 10 ounce baby bok choy eller lignende grøn grøntsag
- 1 kop hakket svinekød
- 2½ spsk sesamolie
- Knib hvid peber
- 1 spsk krydret sojasovs
- ½ tsk salt
- 1 spsk Shaoxing vin
- 1 pakke wontonskind
- 6 kopper god hønsefond
- 1 spsk sesamolie
- Hvid peber og salt efter smag
- 1 spidskål, hakket

INSTRUKTIONER

a) Start med at vaske grøntsagerne grundigt. Bring en stor gryde vand i kog og blancher grøntsagerne, indtil de er visne. Dræn og skyl i koldt vand. Snup en god klump grøntsager og pres forsigtigt så meget vand ud, som du kan. Hak grøntsagerne meget fint (du kan også fremskynde processen ved at smide dem i foodprocessoren).

b) Tilsæt de finthakkede grøntsager, hakket svinekød, sesamolie, hvid peber, sojasovs, salt og Shaoxing-vin i en mellemstor skål. Bland meget grundigt, indtil blandingen er emulgeret - næsten som en pasta.

c) Nu er det tid til at samle! Fyld en lille skål med vand. Grib en indpakning og brug din finger til at fugte kanterne af indpakningen. Tilsæt lidt over en teskefuld fyld i midten. Fold omslaget på midten og pres de to sider sammen, så du får en fast forsegling.

d) Hold de to nederste hjørner af det lille rektangel, du lige har lavet, og bring de to hjørner sammen. Du kan bruge en smule vand for at sikre, at de sidder fast. Og det er det! Bliv ved med at samle indtil alt fyldet er væk. Læg wontonsene på en bageplade eller plade beklædt med bagepapir for at forhindre at de klæber.

e) På dette tidspunkt kan du dække wontons med plastfolie, lægge bagepladen/pladen i fryseren og overføre dem til Ziploc-poser, når de er frosne. De holder sig et par måneder i fryseren og er klar til wonton-suppe, når du vil have det.

f) For at lave suppen skal du varme din hønsefond op til en simre og tilsætte sesamolie, hvid peber og salt.

g) Bring en separat gryde med vand i kog. Tilsæt forsigtigt wontons en ad gangen i gryden. Rør rundt for at forhindre wontons i at klæbe til bunden. Hvis de sidder fast, skal du ikke bekymre dig, de skal komme fri, når de er kogte. De er færdige, når de flyder. Pas på ikke at overkoge dem.

h) Fjern wontons med en hulske og kom dem i skåle. Hæld suppen over wontons og pynt med hakket spidskål. Tjene!

56. Klassisk svinekød Wonton suppe

INGREDIENSER
Wonton indpakning
1 lb hakket svinekød
2 fed hvidløg, hakket
1 spsk sojasovs
1 spsk sesamolie
1 spsk risvin
2 grønne løg, hakket
Salt og peber efter smag
6 kopper hønsebouillon

INSTRUKTIONER
I en røreskål kombineres det formalede svinekød, hvidløg, sojasovs, sesamolie, risvin, grønne løg, salt og peber.
Læg en lille skefuld af svinekødsblandingen i midten af hver wonton-indpakning.
Fugt kanterne af wonton-indpakningen med vand, fold på midten og tryk for at forsegle.
I en gryde bringes hønsebouillonen i kog.
Tilføj wontons til gryden og kog i 5-7 minutter, eller indtil de flyder op til overfladen.
Serveres varm.

57. Vegetarisk Wonton- suppe

INGREDIENSER

Wonton indpakning
1/2 kop hakkede svampe
1/2 kop hakkede gulerødder
1/2 kop hakket selleri
1/2 kop hakket kål
1/4 kop hakkede grønne løg
2 fed hvidløg, hakket
1 spsk sojasovs
1 spsk sesamolie
6 dl grøntsagsbouillon

INSTRUKTIONER

Svits svampe, gulerødder, selleri, kål, grønne løg og hvidløg i et par minutter i en gryde.
Tilsæt sojasovsen og sesamolie, og fortsæt med at koge, indtil grøntsagerne er møre.
Læg en lille skefuld af grøntsagsblandingen i midten af hver wonton-indpakning.
Fugt kanterne af wonton-indpakningen med vand, fold på midten og tryk for at forsegle.
I en gryde bringes grøntsagsbouillonen i kog.
Tilføj wontons til gryden og kog i 5-7 minutter, eller indtil de flyder op til overfladen.
Serveres varm.

58. Kylling og grøntsag Wonton suppe

INGREDIENSER

Wonton indpakning
1/2 lb stødt kylling
1/2 kop hakkede svampe
1/2 kop hakkede gulerødder
1/2 kop hakket selleri
1/4 kop hakkede grønne løg
2 fed hvidløg, hakket
1 spsk sojasovs
1 spsk sesamolie
6 kopper hønsebouillon

INSTRUKTIONER

Svits den malede kylling, champignon, gulerødder, selleri, grønne løg og hvidløg i et par minutter i en gryde.
Tilsæt sojasovsen og sesamolie, og fortsæt med at koge, indtil grøntsagerne er møre, og kyllingen er gennemstegt.
Læg en lille skefuld af kyllinge- og grøntsagsblandingen i midten af hver wonton-indpakning.
Fugt kanterne af wonton-indpakningen med vand, fold på midten og tryk for at forsegle.
I en gryde bringes hønsebouillonen i kog.
Tilføj wontons til gryden og kog i 5-7 minutter, eller indtil de flyder op til overfladen.
Serveres varm.

59. Krydret rejer Wonton suppe

INGREDIENSER

Wonton indpakning
1/2 lb rejer, pillet og udvundet
1/2 kop hakkede svampe
1/2 kop hakkede gulerødder
1/2 kop hakket selleri
1/4 kop hakkede grønne løg
2 fed hvidløg, hakket
1 spsk sojasovs
1 spsk sesamolie
1 spsk chiliflager (eller mere efter smag)
6 kopper hønsebouillon

INSTRUKTIONER

Svits rejer, svampe, gulerødder, selleri, grønne løg og hvidløg i et par minutter i en gryde.
Tilsæt sojasovsen, sesamolie og chiliflager, og fortsæt med at koge, indtil grøntsagerne er møre, og rejerne er gennemstegte.
Læg en lille skefuld af reje- og grøntsagsblandingen i midten af hver wonton-indpakning.
Fugt kanterne af wonton-indpakningen med vand, fold på midten og tryk for at forsegle.
I en gryde bringes hønsebouillonen i kog.
Tilføj wontons til gryden og kog i 5-7 minutter, eller indtil de flyder op til overfladen.
Serveres varm.

60. Thai kokos karry Wonton suppe

INGREDIENSER

Wonton indpakning
1/2 lb hakket svinekød
1/2 kop hakkede svampe
1/2 kop hakkede gulerødder
1/2 kop hakket peberfrugt
2 fed hvidløg, hakket
1 spsk rød karrypasta
1 spsk fiskesauce
1 spsk brun farin
1 dåse (13,5 oz) kokosmælk
6 kopper hønsebouillon

INSTRUKTIONER

Svits det hakkede svinekød, champignon, gulerødder, peberfrugt og hvidløg på en pande i et par minutter.

Tilsæt den røde karrypasta, fiskesauce og brun farin, og fortsæt med at koge i endnu et minut.

Tilsæt kokosmælk og hønsebouillon, og bring det i kog.

Placer en lille skefuld af svinekød og grøntsagsblandingen i midten af hver wonton-indpakning.

Fugt kanterne af wonton-indpakningen med vand, fold på midten og tryk for at forsegle.

I en gryde bringes suppen i kog.

Tilføj wontons til gryden og kog i 5-7 minutter, eller indtil de flyder op til overfladen.

Serveres varm.

61. Ingefær svinekød Wonton suppe

INGREDIENSER

Wonton indpakning
1 lb hakket svinekød
2 fed hvidløg, hakket
2 spsk revet ingefær
1 spsk sojasovs
1 spsk sesamolie
6 kopper hønsebouillon
1/4 kop hakkede grønne løg

INSTRUKTIONER

Kombiner det hakkede svinekød, hvidløg, ingefær, sojasovs, sesamolie og grønne løg i en røreskål.

Læg en lille skefuld af svinekødsblandingen i midten af hver wonton-indpakning.

Fugt kanterne af wonton-indpakningen med vand, fold på midten og tryk for at forsegle.

I en gryde bringes hønsebouillonen i kog.

Tilføj wontons til gryden og kog i 5-7 minutter, eller indtil de flyder op til overfladen.

Serveres varm.

62. Hvidløg rejer Wonton suppe

INGREDIENSER

Wonton indpakning
1/2 lb rejer, pillet og udvundet
2 fed hvidløg, hakket
1 spsk sojasovs
1 spsk sesamolie
6 kopper hønsebouillon
1/4 kop hakkede grønne løg

INSTRUKTIONER

Kombiner rejer, hvidløg, sojasovs, sesamolie og grønne løg i en røreskål.
Læg en lille skefuld af rejeblandingen i midten af hver wonton-indpakning.
Fugt kanterne af wonton-indpakningen med vand, fold på midten og tryk for at forsegle.
I en gryde bringes hønsebouillonen i kog.
Tilføj wontons til gryden og kog i 5-7 minutter, eller indtil de flyder op til overfladen.
6. Serveres varm.

63. Krydret Szechuan Wonton -suppe

INGREDIENSER
Wonton indpakning
1/2 lb hakket svinekød
1/4 kop hakkede grønne løg
2 fed hvidløg, hakket
1 spsk sojasovs
1 spsk chilipasta
1 spsk hoisinsauce
1 spsk riseddike
6 kopper hønsebouillon
INSTRUKTIONER

Kombiner det hakkede svinekød, grønne løg, hvidløg, sojasauce, chilipasta, hoisinsauce og riseddike i en røreskål.

Læg en lille skefuld af svinekødsblandingen i midten af hver wonton-indpakning.

Fugt kanterne af wonton-indpakningen med vand, fold på midten og tryk for at forsegle.

I en gryde bringes hønsebouillonen i kog.

Tilføj wontons til gryden og kog i 5-7 minutter, eller indtil de flyder op til overfladen.

Serveres varm.

64. Vegetarisk Wonton- suppe

INGREDIENSER

Wonton indpakning
1/4 kop hakkede shiitakesvampe
1/4 kop hakkede gulerødder
1/4 kop hakket peberfrugt
1/4 kop hakkede grønne løg
2 fed hvidløg, hakket
1 spsk sojasovs
1 spsk sesamolie
6 dl grøntsagsbouillon

INSTRUKTIONER

Svits svampe, gulerødder, peberfrugt, grønne løg og hvidløg i et par minutter i en gryde.

Tilsæt sojasovsen og sesamolie, og fortsæt med at koge, indtil grøntsagerne er møre.

Læg en lille skefuld af grøntsagsblandingen i midten af hver wonton-indpakning.

Fugt kanterne af wonton-indpakningen med vand, fold på midten og tryk for at forsegle.

I en gryde bringes grøntsagsbouillonen i kog.

Tilføj wontons til gryden og kog i 5-7 minutter, eller indtil de flyder op til overfladen.

Serveres varm.

65. Citrongræs kylling Wonton suppe

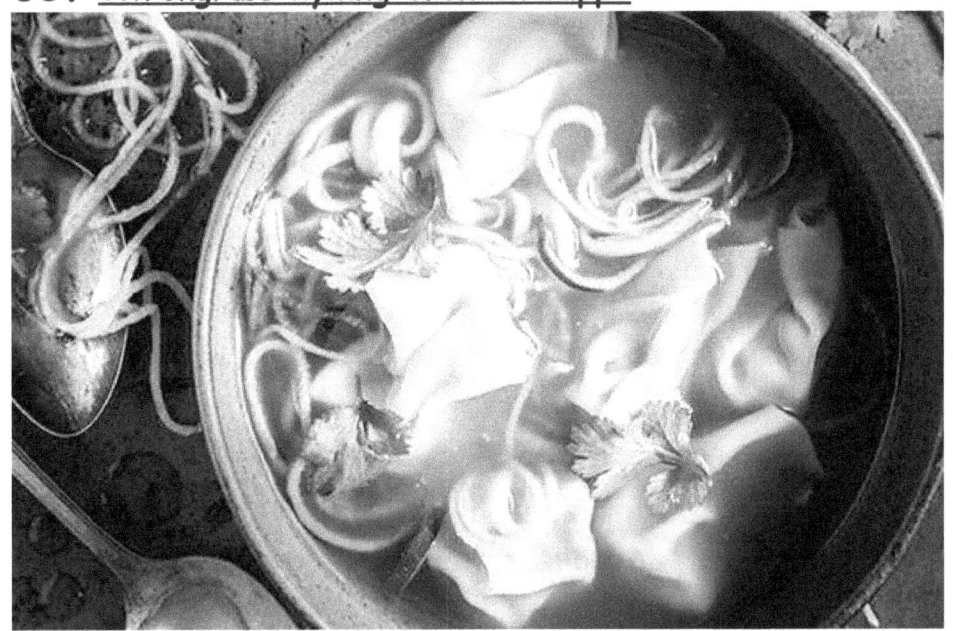

INGREDIENSER

Wonton indpakning
1/2 lb stødt kylling
2 fed hvidløg, hakket
2 spsk hakket citrongræs
1 spsk sojasovs
1 spsk sesamolie
6 kopper hønsebouillon
1/4 kop hakket koriander

INSTRUKTIONER

Kombiner den malede kylling, hvidløg, citrongræs, sojasauce, sesamolie og koriander i en røreskål.

Læg en lille skefuld af kyllingeblandingen i midten af hver wonton-indpakning.

Fugt kanterne af wonton-indpakningen med vand, fold på midten og tryk for at forsegle.

I en gryde bringes hønsebouillonen i kog.

Tilføj wontons til gryden og kog i 5-7 minutter, eller indtil de flyder op til overfladen.

Serveres varm.

66. Sød og sur svinekød Wonton- suppe

INGREDIENSER

Wonton indpakning
1/2 lb hakket svinekød
2 fed hvidløg, hakket
1 spsk sojasovs
1 spsk sesamolie
1/4 kop hakkede grønne løg
1/4 kop ananas bidder
1/4 kop rød peberfrugt, hakket
1/4 kop riseddike
1/4 kop brun farin
6 kopper hønsebouillon

INSTRUKTIONER

Kombiner det hakkede svinekød, hvidløg, sojasauce, sesamolie, grønne løg, ananasstykker og rød peberfrugt i en røreskål.

2. Læg en lille skefuld af svinekødsblandingen i midten af hver wonton-indpakning.

Fugt kanterne af wonton-indpakningen med vand, fold på midten og tryk for at forsegle.

I en gryde bringes hønsebouillonen i kog.

Tilføj wontons til gryden og kog i 5-7 minutter, eller indtil de flyder op til overfladen.

Kombiner riseddike og brun farin i en separat gryde og kog over medium varme, indtil sukkeret er opløst.

Hæld den søde og sure sauce i gryden med wontonsuppe og rør rundt.

Serveres varm.

67. Tom Yum Reje Wonton suppe

INGREDIENSER

Wonton indpakning
1/2 lb stødte rejer
2 fed hvidløg, hakket
2 spsk hakket citrongræs
1 spsk fiskesauce
1 spsk limesaft
2 kopper vand
2 kopper hønsebouillon
1/4 kop hakket koriander
1/4 kop skivede svampe
1/4 kop hakkede tomater
1/4 kop hakkede grønne løg

INSTRUKTIONER

Kombiner de formalede rejer, hvidløg, citrongræs, fiskesauce og limesaft i en røreskål.

Læg en lille skefuld af rejeblandingen i midten af hver wonton-indpakning.

Fugt kanterne af wonton-indpakningen med vand, fold på midten og tryk for at forsegle.

I en gryde bringes vandet og hønsebouillonen i kog.

Tilføj wontons til gryden og kog i 5-7 minutter, eller indtil de flyder op til overfladen.

Tilsæt koriander, svampe, tomater og grønne løg til gryden og lad det simre i yderligere 5 minutter.

Serveres varm.

68. Tyrkiet Wonton suppe

INGREDIENSER

Wonton indpakning
1/2 lb malet kalkun
2 fed hvidløg, hakket
1 spsk sojasovs
1 spsk sesamolie
6 kopper hønsebouillon
1/4 kop hakkede grønne løg
1/4 kop hakkede svampe
1/4 kop hakkede gulerødder

INSTRUKTIONER

Kombiner den malede kalkun, hvidløg, sojasovs og sesamolie i en røreskål.

Læg en lille skefuld af kalkunblandingen i midten af hver wonton-indpakning.

Fugt kanterne af wonton-indpakningen med vand, fold på midten og tryk for at forsegle.

4. Bring hønsebouillonen i kog i en gryde.

Tilføj wontons til gryden og kog i 5-7 minutter, eller indtil de flyder op til overfladen.

Tilsæt grønne løg, svampe og gulerødder til gryden og lad det simre i yderligere 5 minutter.

Serveres varm.

69. <u>Krabbe Rangoon Wonton suppe</u>

INGREDIENSER

Wonton indpakning
1/2 lb imiteret krabbekød
4 oz flødeost, blødgjort
1 spsk sojasovs
1/4 kop hakkede grønne løg
2 kopper hønsebouillon
2 kopper vand
1/4 kop bambusskud i skiver

INSTRUKTIONER

Kombiner imiteret krabbekød, flødeost, sojasauce og grønne løg i en røreskål.

Læg en lille skefuld af krabbeblandingen i midten af hver wonton-indpakning.

Fugt kanterne af wonton-indpakningen med vand, fold på midten og tryk for at forsegle.

I en gryde bringes hønsebouillon og vand i kog.

Tilføj wontons til gryden og kog i 5-7 minutter, eller indtil de flyder op til overfladen.

Kom bambusskuddene i gryden og lad det simre i yderligere 5 minutter.

Serveres varm.

70. Spicy Beef Wonton -suppe

INGREDIENSER

Wonton indpakning
1/2 lb hakket oksekød
2 fed hvidløg, hakket
1 spsk chili hvidløg sauce
2 kopper oksebouillon
2 kopper vand
1/4 kop hakket koriander
1/4 kop hakkede grønne løg

INSTRUKTIONER

Kombiner hakkebøf, hvidløg og chili hvidløg i en skål.

Læg en lille skefuld af oksekødsblandingen i midten af hver wonton-indpakning.

Fugt kanterne af wonton-indpakningen med vand, fold på midten og tryk for at forsegle.

I en gryde bringes oksebouillon og vand i kog.

Tilføj wontons til gryden og kog i 5-7 minutter, eller indtil de flyder op til overfladen.

Tilsæt koriander og grønne løg i gryden og lad det simre i yderligere 5 minutter.

Serveres varm.

71. Rejer og kammusling Wonton suppe

INGREDIENSER

Wonton indpakning
1/4 lb rejer, pillet og udvundet
1/4 lb kammuslinger, skåret i skiver
1/4 kop hakket bok choy
2 kopper hønsebouillon
2 kopper vand
1 tsk ingefær, hakket
1 tsk hvidløg, hakket
1/4 kop hakkede grønne løg

INSTRUKTIONER

Kombiner rejer, kammuslinger, bok choy, ingefær og hvidløg i en røreskål.

Læg en lille skefuld af skaldyrsblandingen i midten af hver wonton-indpakning.

Fugt kanterne af wonton-indpakningen med vand, fold på midten og tryk for at forsegle.

I en gryde bringes hønsebouillon og vand i kog.

Tilføj wontons til gryden og kog i 5-7 minutter, eller indtil de flyder op til overfladen.

Kom grønne løg i gryden og lad det simre i yderligere 5 minutter.

Serveres varm.

72. Wonton-suppe med jordnøddesmørsauce

INGREDIENSER

Wonton indpakning
1/2 lb hakket svinekød
2 fed hvidløg, hakket
1 spsk sojasovs
1 spsk sesamolie
2 kopper hønsebouillon
2 kopper vand
1/4 kop glat jordnøddesmør
1 spsk riseddike
1 tsk honning
1/4 kop hakkede grønne løg

INSTRUKTIONER

Kombiner det hakkede svinekød, hvidløg, sojasovs og sesamolie i en røreskål.

Læg en lille skefuld af svinekødsblandingen i midten af hver wonton-indpakning.

Fugt kanterne af wonton-indpakningen med vand, fold på midten og tryk for at forsegle.

I en gryde bringes hønsebouillon og vand i kog.

Tilføj wontons til gryden og kog i 5-7 minutter, eller indtil de flyder op til overfladen.

I en lille skål piskes jordnøddesmør, riseddike, honning og en lille smule vand sammen for at lave en sauce.

Anret wontons i skåle med suppe og dryp peanutbutter sauce ovenpå. Pynt med grønne løg.

73. Wonton suppe med grøntsager og nudler

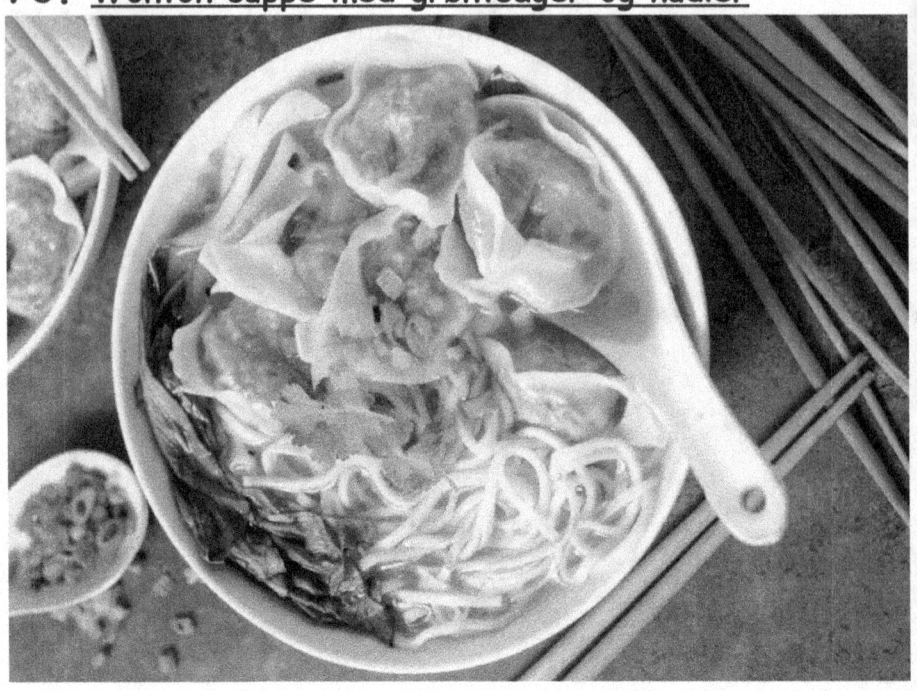

INGREDIENSER

Wonton indpakning
1/2 lb stødt kylling
1 kop hakket bok choy
1 kop skivede svampe
2 kopper hønsebouillon
2 kopper vand
1 spsk sojasovs
1 tsk sesamolie
2 kopper kogte ægnudler
1/4 kop hakkede grønne løg

INSTRUKTIONER

Kombiner den malede kylling, bok choy og svampe i en røreskål.
Læg en lille skefuld af kyllingeblandingen i midten af hver wonton-indpakning.
Fugt kanterne af wonton-indpakningen med vand, fold på midten og tryk for at forsegle.
I en gryde bringes hønsebouillon og vand i kog.
Tilføj wontons til gryden og kog i 5-7 minutter, eller indtil de flyder op til overfladen.
Tilsæt sojasovsen, sesamolie og kogte æggenudler til gryden og lad det simre i yderligere 5 minutter.
Serveres varm, pyntet med grønne løg.

HOVEDRET

74. Ravioli med mascarpone og kammuslinger

Serverer 4

ingredienser
- 12 store kammuslinger
- 2 tsk citronskal
- 1 spsk citronsaft
- 1 kop friske tomater i tern
- 1 spsk olivenolie
- 2 spsk tør hvidvin
- 1/2 kop fiskefond
- 1/2 kop 35 procent madlavningsfløde
- 2 tørre franske skalotteløg, finthakket
- 1 lille fed hvidløg, hakket
- 3 spsk hakket basilikum

Til ravioli
- 1 kop plus 2 spsk kold mascarpone
- 24 kvadratiske wonton-indpakninger
- 1 æg
- 1/2 tsk Espelette peber
- Salt og friskkværnet peber efter smag
- 1 spsk majsstivelse

Vejbeskrivelse
a) Riv citronskal fint. Læg majsstivelsen i en lille skål. Adskil æggehviden og blommen. I en skål lægges mascarponen, blommen, Espelette peberen, salt og peber.
b) Tilsæt $\frac{1}{2}$ tsk hver af citronskal og af basilikum og bland alle ingredienserne sammen.
c) Spred 12 wonton-indpakninger ud på et fugtigt håndklæde og pensl med æggehviden. Læg 1 tsk

mascarponefyld i midten af hver firkant og dæk hver med en anden firkant. Pas på at putte fingrene i majsstivelsen først, tryk rundt om fyldet for at udstøde eventuel luft og forsegle pakkerne. Dæk til og stil på køl, indtil den skal bruges.

d) Når du er klar til at servere ravioli, læg vand i en stor gryde, tilsæt salt og bring det i kog. Hæld et skvæt olivenolie i en stegepande, varm op og svits kammuslingerne på begge sider. Fjern fra varmen, læg kammuslinger på en bageplade og stil til side. Forvarm ovnen til 350 F.

e) Sæt bradepanden tilbage på varmen med et skvæt olivenolie og svits skalotteløg og hvidløg, men far ikke på dem. Ved høj varme afglaser du panden med hvidvinen. Bland i et par minutter, tilsæt fiskefonden og reducer til det halve. Tilsæt fløden og fortsæt med at koge over medium varme for at binde saucen.

f) For at afslutte saucen, tilsæt tomaterne, den resterende $\frac{1}{2}$ tsk citronskal, basilikum og citronsaft. Smag til med salt og peber. Sluk for varmen.

g) På dette tidspunkt skal du placere kammuslingerne i ovnen i 4 til 5 minutter, afhængigt af deres størrelse, for at fuldføre tilberedningen. Varm serveringspladerne op. Smid forsigtigt ravioli i saltet kogende vand i 2 til 3 minutter. Fjern fra gryden med en hulske og afdryp. Fjern kammuslinger fra ovnen. Tilsæt den kammuslingsaft der er til saucen. Hvis den serveres som hovedret, læg tre raviolier i midten af hver tallerken, tre kammuslinger rundt om wontons og hæld sauce over raviolierne.

h) Pynt hver tallerken med et basilikumblad og friskkværnet peber.

75. Hawaiiansk Grillet tun med tang

Gør: 2 portioner

INGREDIENSER
- ½ kop sojasovs
- 3 spiseskefulde honning
- 1 spsk hakket frisk ingefær
- 2 tsk hakket hvidløg
- Friskkværnet sort peber efter smag.
- 2 tunbøffer
- 2 spsk risvinseddike
- 2 spsk sojasovs
- 2 spsk citronsaft
- ½ tsk revet citronskal
- 1 spsk hakket frisk ingefær
- 1 tsk hakket hvidløg
- 2 spsk Hakket spidskål
- ¼ tsk rød peberflager
- ¼ kop olivenolie
- ½ pakke wonton indpakninger
- Vegetabilsk olie til friturestegning
- ¼ kop tang
- ½ kop Bitesize radicchio blade
- ½ kop skåret endivie
- ½ kop babyspinatblade
- 2 spsk julieneret gul peber
- 2 spsk julieneret rød peber
- Radise spirer
- Syltet ingefær
- Gylden kaviar
- Lyse sesamfrø
- Mørke sesamfrø

INSTRUKTIONER

a) Bland de første 5 ingredienser i en skål .

b) Kom tunbøfferne i en gryde og hæld blandingen over, og beklæd tunen på alle sider. Mariner fisken i 15 minutter.

c) Overfør derefter den marinerede tun til en opvarmet grill og grill i 1-2 minutter på hver side. I en skål piskes alle ingredienserne til saucen sammen.

d) Varm fritureolien op til 350 grader. Skær wonton-omslagene i julienne-strimler og fritér dem til de er gyldne.

e) Dræn dem på køkkenrulle. I en skål blandes tang, radicchio-blade, skåret endivie, babyspinatblade, gul peber og rød peber.

f) Arranger tang og grønt i midten af 2 serveringsplader og top dem med de stegte wonton-strimler. Dryp med noget af saucen, top med tun, og dryp mere sauce.

g) Pynt med en lille klynge radisespirer, syltet ingefær, tobiko, lyse sesamfrø, mørke sesamfrø og gylden kaviar.

76. Bagte grøntsags- og skaldyrswontons

Udbytte: 6 portioner

Ingrediens
- 1 kuvert grøntsagssuppeblanding
- 15 ounce sort peber
- 40 wonton indpakninger
- ricotta ost
- $\frac{1}{2}$ pund imiteret krabbekød, hakket
- $\frac{1}{4}$ tsk hvidløgspulver
- $\frac{1}{8}$ teskefuld
- 1 spsk vegetabilsk eller olivenolie

a) Forvarm ovnen til ~350F.
b) I en mellemstor skål kombineres suppeblanding, ost, krabbe, hvidløgspulver og peber. Placer 1 spiseskefuld blanding på midten af hver wonton. Børst kanter med vand; fold hvert hjørne ind i midten og tryk for at forsegle.
c) Arranger sømsiden nedad på let smurt bageplade; pensl wontons med olie. Bag 25 minutter eller indtil sprød og gyldenbrun, vend én gang.

77. Grøntsags- og skaldyrswontons

Udbytte: 6 portioner
Ingrediens
- 1 kuvert grøntsagssuppeblanding
- 15 ounce ricotta ost
- $\frac{1}{2}$ pund imiteret krabbekød, hakket
- $\frac{1}{4}$ tsk hvidløgspulver
- $\frac{1}{8}$ teskefuld sort peber
- 40 wonton indpakninger
- 1 spsk vegetabilsk eller olivenolie

I en mellemstor skål kombineres suppeblanding, ost, krabbe, hvidløgspulver og peber. Placer 1 spiseskefuld blanding på midten af hver wonton. Børst kanter med vand; fold hvert hjørne ind i midten og tryk for at forsegle.

Arranger sømsiden nedad på let smurt bageplade; pensl wontons med olie. Bag 25 minutter eller indtil sprød og gyldenbrun, vend én gang.

78. Ande- og ingefærwontons

Giver: 1 portion

INGREDIENSER
- 1 pakke wonton indpakninger
- 1 andebryst; flået, sener fjernet
- 2 spsk konserveret ingefær
- 1 spsk sojasovs
- 2 spsk koriander; hakket
- Solsikkeolie til friturestegning
- 1 chili; fint hakket
- 2 fed hvidløg; fint hakket
- 2 spsk sukker
- 2 spsk riseddike

a) Blend anden med ingefær, soja og koriander og læg teskefulde på indpakningerne, tre ad gangen, fugt og luk.
b) Form trekanter eller pengesække og fritér dem i olien til de er gyldne.
c) Tør på køkkenpapir og server med en dipsauce.
d) For at få saucen til at koge sammen, indtil den er tyk.

79. Go Gees med Ground Turkey

- 1½ kopper malet kalkun
- 1½ spsk østerssauce
- 2 tsk sojasovs
- 1 tsk sesamolie
- 1½ grønne løg, hakket
- 1 spsk hakket ingefær
- 1 pakke rund wonton (gyoza) indpakning
- 4-6 kopper olie til friturestegning

Kombiner den malede kalkun, østerssauce, sojasauce, sesamolie, grønne løg og ingefær.
Tilsæt olie til en forvarmet wok og opvarm til 375°F.
Pak gow-gæsene ind, mens du venter på, at olien bliver varm. Læg 1 tsk fyld i midten af indpakningen. Fugt kanterne af indpakningen, fold fyldet over, og forsegl, krymp kanterne. Fortsæt med resten af wontons. Dæk de færdige wontons med et fugtigt håndklæde for at forhindre udtørring.
Skub forsigtigt gow gees ind i wokken, et par ad gangen. Frituresteg indtil de bliver gyldne (ca. 2 minutter). Fjern med en hulske og afdryp på køkkenrulle.

80. Potstickers med Konjac risvin

- 1½ dl hakket svinekød
- 3 tsk kinesisk risvin eller tør sherry
- 3 tsk sojasovs
- 1½ tsk sesamolie
- 1½ spsk hakket løg
- 1 pakke rund wonton (gyoza) indpakning
- ½ kop vand til kogning af potstickers
- Olie til stegning efter behov

Kombiner det hakkede svinekød, Konjac-risvin, sojasovs, sesamolie og hakket løg.

For at lave potstickers: Læg 1 tsk fyld i midten af indpakningen. Fugt kanterne af indpakningen, fold fyldet over, og forsegl, krymp kanterne. Fortsæt med resten af potstickers. Dæk de færdige potstickers med et fugtigt håndklæde for at forhindre udtørring.

Tilsæt 2 spsk olie til en forvarmet wok eller stegepande (1 spsk, hvis du bruger en nonstick-pande). Når olien er varm, tilsæt et par af potstickers med glat side nedad. Steg ikke, men lad koge i cirka 1 minut.

Tilsæt ½ kop vand. Vend ikke potstickers om. Kog, tildækket, indtil det meste af væsken er absorberet. Afdæk, og kog indtil væsken er fordampet.

Løsn potstickers med en spatel og server med den brændte side opad. Server med Potsticker Dipping Sauce

81. Traditionel Gow Gees

- ¼ pund (4 ounce) rejer
- 3 mellemstore tørrede svampe
- 1 kop hakket svinekød
- 1 napa kålblad, strimlet
- 1½ grønne løg, skåret i tynde skiver
- ¼ teskefuld hakket ingefær
- 2 tsk kinesisk risvin eller tør sherry
- 2 tsk sojasovs
- 1 tsk sesamolie
- 1 pakke rund wonton (gyoza) indpakning
- 4-6 kopper olie til friturestegning

Vask, fjern og hak rejerne fint. Læg de tørrede svampe i blød i varmt vand i mindst 20 minutter for at blive bløde. Dræn, fjern stilkene og skær dem fint.
Kombiner det formalede svinekød, rejer, kål, grønne løg, tørrede svampe, ingefær, Konjac-risvin, sojasovs og sesamolie.
Tilsæt olie til en forvarmet wok og opvarm til 375°F. Pak gow-gæsene ind, mens du venter på, at olien bliver varm. Læg 1 tsk fyld i midten af indpakningen. Fugt kanterne af indpakningen, fold fyldet over og forsegl, krymp kanterne. Fortsæt med resten af wontons. Dæk de færdige wontons med et fugtigt håndklæde for at forhindre udtørring.
Skub forsigtigt gow gees ind i wokken, et par ad gangen. Friturusteg indtil de bliver gyldne (ca. 2 minutter).
Fjern med en hulske og afdryp på køkkenrulle.

82. Siu Mai Dumplings

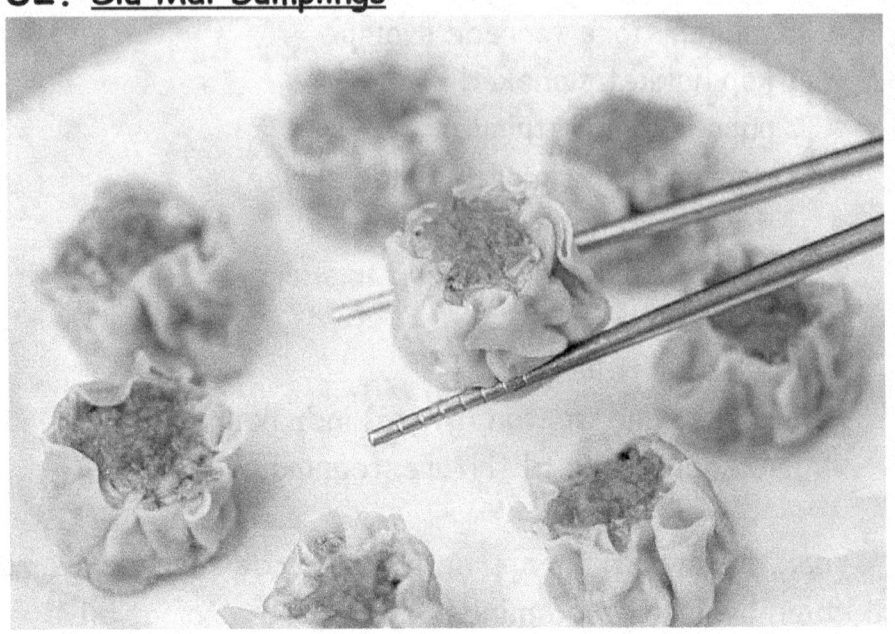

- ¼ pund (4 ounce) friske rejer
- 3 mellemstore tørrede svampe
- 1 kop hakket svinekød
- 1½ grønne løg, skåret i tynde skiver
- ½ kop dåse bambusskud, strimlet
- 2 tsk østerssauce
- 2 tsk sojasovs
-
- 1 tsk sesamolie
- 1 pakke Siu Mai eller wonton indpakninger
- Olie til belægning af varmebestandig plade

Vask og fjern rejerne, og hak dem fint. Læg de tørrede svampe i blød i varmt vand i mindst 20 minutter for at blive bløde. Dræn, fjern stilkene og skær dem fint. Kombiner det hakkede svinekød, rejer, grønne løg, tørrede svampe, bambusskud, østerssauce, sojasauce og sesamolie.

For at pakke Siu Mai ind: Læg 2 teskefulde fyld i midten af indpakningen. Fold **ikke** indpakningen over fyldet. Saml kanterne af indpakningen og læg forsigtigt siderne, så den danner en kurveform, med toppen åben. Smør en varmefast plade let med olie. Læg dumplings på tallerkenen. Læg pladen på en bambusdamper i en wok, der er indstillet til dampning. Damp dumplings i 5-10 minutter eller til de er kogte.

83. Dampede okseboller

- 8 oz. Magert hakkekød
- 1 1/2 spsk sojasovs
- 1 spsk hakket koriander 1 teskefuld hakket ingefærrod 1 teskefuld majsstivelse
- 1/2 tsk jordnøddeolie
- 20 runde wonton-indpakninger Vand
- Skvalderkålsvifter til pynt Radiseblomst til pynt

I en lille skål kombineres oksekød, sojasovs, koriander, ingefærrod, majsstivelse og olie. Placer 10 wonton-indpakninger på arbejdsfladen. Placer 2 teskefulde fyld i midten af hver wonton-indpakning. Fugt hver wonton-indpakning. Fugt hele kanten med vand. Løft begge sider af indpakningen og klem sammen over fyld, saml kanterne og plisser indpakningen; klem for at forsegle. Fortsæt med de resterende omslag og fyld.
Bring 2 kopper vand i hver af de to store pander. Reducer varmen til medium; tilsæt dumplings og lad ikke røre ved.
Dæk let og damp indtil dumplings er faste og indpakningen er blød, 15 minutter. Server straks.
Pynt serveringsfadet med spidskålsvifter og radiseblomst

84. Blandet blomster og ost ravioli

Giver: 1 portion

INGREDIENSER

- 12 wonton skind
- 1 sammenpisket æg for at forsegle ravioli
- 1 kop blandede blomsterblade
- ⅓ kop Ricotta ost
- ⅓ kop mascarponeost
- 4 spsk hakket basilikum
- 1 spsk Hakket purløg
- 1 tsk hakket koriander
- ⅓ kop Blødt hvedebrød, smuldret
- 1½ tsk salt
- ½ tsk rød chilipasta
- 12 hele stedmoderblomster

INSTRUKTIONER

a) Bland alle ingredienser, undtagen hele stedmoderblomster. For at forberede, læg wonton hud fladt på en overflade.

b) Læg 1 ½ tsk fyld i midten af wontonskind, top med 1 hel stedmoderblomst.

c) Fugt kanterne med sammenpisket æg og dæk med endnu et wontonskind.

d) Kog ved at koge i vand eller grøntsagsfond i cirka 1½ minut.

e) Server i en skål med tomat-basilikum bouillon.

85. Sprøde krabbe- og flødeost-wontons

Serverer: 6 til 8

24 wonton indpakninger, optøet, hvis de er frosne
Madlavningsspray
Fyldning:
5 ounce (142 g) krabbekød, drænet og duppet tørt
4 ounce (113 g) flødeost, ved stuetemperatur
2 spidskål, skåret i skiver
1½ tsk ristet sesamolie
1 tsk Worcestershire sauce
Kosher salt og kværnet sort peber efter smag

Sprøjt airfryer-kurven med madlavningsspray.
I en mellemstor skål, læg alle ingredienserne til fyldet og rør, indtil det er godt blandet. Forbered en lille skål med vand ved siden af.
Læg wonton-indpakningerne på en ren arbejdsflade. Hæld 1 tsk af fyldet i midten af hver indpakning. Fugt kanterne med et strejf af vand. Fold hver wonton-indpakning diagonalt på midten over fyldet for at danne en trekant.
Arranger wontons i gryden. Sprøjt wontons med madlavningsspray.
Sæt airfryer-kurven på bradepanden og skub den ind i Rack Position 2, vælg Air Fry, indstil temperaturen til 350°F (180°C) og indstil tiden til 10 minutter.
Vend wontonsene halvvejs gennem tilberedningstiden.
Når kogningen er færdig, vil wontons være sprøde og gyldenbrune.
Server straks.

86. Svinekød Momos

Serverer: 4

2 spsk olivenolie
1 pund (454 g) hakket svinekød
1 revet gulerod
1 løg, hakket
1 tsk sojasovs
16 wonton indpakninger
Salt og kværnet sort peber efter smag
Madlavningsspray

Opvarm olivenolien i en nonstick-gryde ved middel varme, indtil den skinner.
Tilsæt hakket svinekød, gulerod, løg, sojasovs, salt og stødt sort peber og sauter i 10 minutter, eller indtil svinekødet er godt brunet og gulerødderne er møre.
Fold indpakningerne ud på en ren arbejdsflade, og del derefter det kogte svinekød og grøntsagerne på indpakningerne. Fold kanterne rundt om fyldet for at danne momoer. Nip toppen for at forsegle momoerne. Arranger momoerne i airfryer-kurven og sprøjt med madlavningsspray.
Sæt airfryer-kurven på bradepanden og skub den ind i Rack Position 2, vælg Air Fry, indstil temperaturen til 320°F (160°C) og indstil tiden til 10 minutter.
Når tilberedningen er færdig, vil indpakningen være let brunet.
Server straks.

87. Air Fried Cream Cheese Wontons

Serverer: 4

2 ounce (57 g) flødeost, blødgjort
1 spsk sukker
16 kvadratiske wonton-indpakninger
Madlavningsspray

Sprøjt airfryer-kurven med madlavningsspray.
I en røreskål røres flødeost og sukker sammen, indtil det er godt blandet. Forbered en lille skål med vand ved siden af.
Læg wonton-indpakningerne på en ren arbejdsflade. Kom $\frac{1}{4}$ teskefuld flødeost i midten af hver wonton-indpakning. Dup vandet over indpakningskanterne. Fold hver wonton-indpakning diagonalt på midten over fyldet for at danne en trekant.
Arranger wontons i gryden. Sprøjt wontons med madlavningsspray.
Sæt airfryer-kurven på bradepanden og skub ind i Rack Position 2, vælg Air Fry, indstil temperaturen til 350°F (180°C) og indstil tiden til 6 minutter.
Vend wontonsene halvvejs gennem tilberedningstiden.
Når kogningen er færdig, vil wontonsene være gyldenbrune og sprøde.
Fordel wontons mellem fire plader. Lad hvile i 5 minutter før servering.

88. Kål og svinekød Gyoza

Serverer: 48 gyozaer

1 pund (454 g) hakket svinekød
1 hoved Napa kål (ca. 1 pund / 454 g), skåret i tynde skiver og hakket
½ kop hakket spidskål
1 tsk hakket frisk purløg
1 tsk sojasovs
1 tsk hakket frisk ingefær
1 spsk hakket hvidløg
1 tsk granuleret sukker
2 tsk kosher salt
48 til 50 wonton eller dumpling wrappers
Madlavningsspray

Sprøjt airfryer-kurven med madlavningsspray. Sæt til side.
Lav fyldet: Bland alle ingredienserne undtagen indpakningen i en stor skål. Rør for at blande godt.
Fold en indpakning ud på en ren arbejdsflade, og dup derefter kanterne med lidt vand. Tag 2 teskefulde af fyldblandingen op i midten.
Lav gyozaen: Fold indpakningen over fyldet og tryk på kanterne for at forsegle. Plisser kanterne, hvis det ønskes. Gentag med de resterende omslag og fyld.
Arranger gyozaerne i gryden og drys med madlavningsspray.
Sæt airfryer-kurven på bradepanden og skub den ind i Rack Position 2, vælg Air Fry, indstil temperaturen til 360°F (182°C) og indstil tiden til 10 minutter.
Vend gyozaerne halvvejs i tilberedningstiden.

Når de er kogt, vil gyozaerne være gyldenbrune. Server straks.

89. Bagte grøntsags- og skaldyrswontons

Udbytte: 6 portioner

Ingrediens
- 1 kuvert grøntsagssuppe mix 15 ounce
- sort peber 40 wonton indpakninger 1
- ricotta ost
- $\frac{1}{2}$ pund imiteret krabbekød, hakket $\frac{1}{4}$ tsk hvidløgspulver $\frac{1}{8}$ tsk

- Spiseskefuld vegetabilsk eller olivenolie Forvarm ovnen til 350 ~ F.

I en mellemstor skål kombineres suppeblanding, ost, krabbe, hvidløgspulver og peber. Placer 1 spiseskefuld blanding på midten af hver wonton. Børst kanter med vand; fold hvert hjørne ind i midten og tryk for at forsegle.
Arranger sømsiden nedad på let smurt bageplade; pensl wontons med olie. Bag 25 minutter eller indtil sprød og gyldenbrun, vend én gang.

90. Hakket svinekød wonton

INGREDIENSER
- 2-ounce stykke ingefær, skrællet
- 1/4 kop vand
- 16 ounce hakket svinekød, ideelt med omkring 30% fedt
- 1 æg, pisket
- 1 spsk sesamolie
- 1 tsk risvin eller tør sherry
- 3/4 tsk salt
- 1/4 tsk hvid peber
- 3 spsk kyllinge- eller svinefond
- 100 butikskøbte wonton-indpakninger

RUTEVEJLEDNING:

1. Knus stykket ingefær meget godt for at frigive smag og lad det trække i 1/4 kop vand.
2. Bland hakket svinekød med iblødsætningsvandet fra ingefæren, det sammenpiskede æg, sesamolie, risvin, salt og hvid peber. Tilsæt kyllinge- eller svinefond, en halv teskefuld ad gangen for at tilføje fugt til blandingen.
3. Med en wonton-indpakning liggende på den ene hånd fyldes med ca. 1/2 spiseskefuld fyld. Omslut ved at folde omslaget til en trekant. Forsegl ved at trykke forsigtigt på de to sider.
4. Tag de to ender af trekanten og fold ned, indtil spidserne mødes og overlapper lidt. Tryk for at binde enderne.
5. Hav en stor gryde med kogende vand klar.
6. Læg forsigtigt dumplings, et par ad gangen, i vandet, ikke trængsel, og kog indtil fyldet er gennemstegt (ca. tre minutter).

7. Dræn og læg krydderiet ovenpå. Bland let.
8. Hvis det ønskes, pynt med hakkede grønne løg eller koriander, eller finthakket rå hvidløg eller ingefær.

DESSERT

91. Nutella Wontons

Giver: 4-6 portioner

INGREDIENSER
- Nutella efter behov
- 2 store modne bananer, skrællet og skåret i ½ tomme tykke skiver
- kokosflager efter behov
- 24 wonton indpakninger
- 1 spsk lys brun farin
- ¼ tsk stødt kanel
- 1 knivspids stødt muskatnød
- 1 knivspids stødt kardemomme
- Olie, til stegning

INSTRUKTIONER

a) Bland brun farin og krydderier i en skål.

b) Tilsæt bananskiverne og dæk dem jævnt med brun farin.

c) Læg en lille mængde Nutella, efterfulgt af en bananskive og nogle stykker kokosflager i midten af hver wonton-indpakning.

d) Beklæd kanterne af indpakningerne med våde fingre og fold dem over fyldet i en trekantet form.

e) Tryk på kanterne med fingrene for at forsegle dem helt.

f) I en stor stegepande opvarmes olien til 350 grader F.

g) Tilsæt wontons i portioner og steg til de er gyldenbrune på begge sider.

h) Overfør indpakningerne på en tallerken foret med køkkenrulle for at dryppe af.

i) Server det hele med et drys flormelis.

92. Nutella Banan Wontons

Gør: 6

INGREDIENSER

- 1 lille moden banan, moset
- 1 spsk Nutella
- 1 spsk jordbærsyltetøj
- 1 spsk hakkede nødder
- 13 wonton indpakninger
- ½ tsk sukker
- nonstick madlavningsspray

INSTRUKTIONER

h) Indstil din ovn til 350 grader F, før du gør noget andet, og beklæd en bageplade med bagepapir.
i) Tilsæt marmelade, Nutella og banan og marmelade i en skål, og bland til en jævn masse.
j) Placer omkring 1 tsk af blandingen i midten af hver wonton-indpakning, efterfulgt af nødderne.
k) Fugt kanterne af hver indpakning med våde fingre, og fold derefter fyldet over i en trekantet form.
l) Tryk nu på kanterne med fingrene for at forsegle helt.
m) I en dyb stegegryde tilsættes olien over medium-høj varme og koges indtil den er gennemvarme.
n) I bunden af den forberedte bageplade arrangeres wonton-indpakningerne.
o) Spray hver indpakning med madlavningsspray og drys med sukker.
p) Tilbered i ovnen i cirka 30 minutter 11-15 minutter.
q) Nyd varmt med din yndlingstopping.

93. Dessert Nutella Wontons

Gør: 1

INGREDIENSER
- Nutella efter behov
- 2 store modne bananer, skrællet og skåret i ½ tomme tykke skiver
- kokosflager efter behov
- 6 ounce wonton wrappers, omkring 24
- 1 spsk lys brun farin
- ¼ tsk stødt kanel
- knivspids stødt muskatnød
- knivspids malet kardemomme
- olie (til stegning)
- flormelis

INSTRUKTIONER
a) Bland brun farin og krydderier i en skål.
b) Tilsæt bananskiverne og dæk dem jævnt med brun farin.
c) Læg en lille mængde Nutella, efterfulgt af en bananskive og nogle stykker kokosflager i midten af hver wonton-indpakning.
d) Beklæd kanterne af indpakningerne med våde fingre og fold dem over fyldet i en trekantet form.
e) Tryk på kanterne med fingrene for at forsegle dem helt.
f) I en stor stegepande opvarmes olien til 350 grader F.
g) Tilsæt wontons i portioner og steg til de er gyldenbrune på begge sider.
h) Overfør indpakningerne på en tallerken foret med køkkenrulle for at dryppe af.

i) Server det hele med et drys flormelis.

94. Bagte pærer i Wonton chips og honning

Forberedelsestid: 20 minutter
Tilberedningstid: 45 minutter
Portioner: 4 personer

INGREDIENSER
- ½ tsk stødt kanel, delt
- 2 koreansk-amerikanske pærer
- ½ kop plus 1 spsk honning, delt
- 4 - 6×6 wonton indpakninger
- ¼ kop mascarpone
- 1½ spsk smeltet usaltet smør

VEJBESKRIVELSE
a) Opvarm komfuret til 375°F og beklæd en bageplade med bagepapir.
b) Skær ½ tomme af bunden og toppen af pæren.
c) Pil dem nu og skær gennem midten vandret, tag frøene ud
d) Placer indpakningen på en tør, flad overflade, tilsæt den halve pære til hver indpakning og drys med kanel, og drys derefter lidt honning over ca. 1 spsk.
e) Løft hjørnerne og forsegl med honningen.
f) Sæt disse på bagepladen og bag dem i ovnen i 45 minutter, hvis kagefarverne er for meget, skal de blot dækkes med lidt folie.
g) Blend resten af honning, kanel og mascarpone sammen til en jævn blanding.
h) Server pakkerne med mascarponen.

95. Chokolade Banan Wontons

INGREDIENSER

Wonton indpakning
2 modne bananer
1/2 kop chokoladechips
1 spsk kokosolie

INSTRUKTIONER

Forvarm ovnen til 350°F (180°C).

Mos bananerne i en røreskål.

Læg en lille skefuld af de mosede bananer og et par chokoladechips på hver wonton-indpakning.

Fugt kanterne af wonton-indpakningen med vand, fold på midten og tryk for at forsegle.

Læg wontonsene på en bageplade beklædt med bagepapir.

Smelt kokosolien og pensl den over wontonsene.

Bages i ovnen i 10-12 minutter, eller indtil de er gyldenbrune.

Serveres varm.

96. Æble kanel Wontons

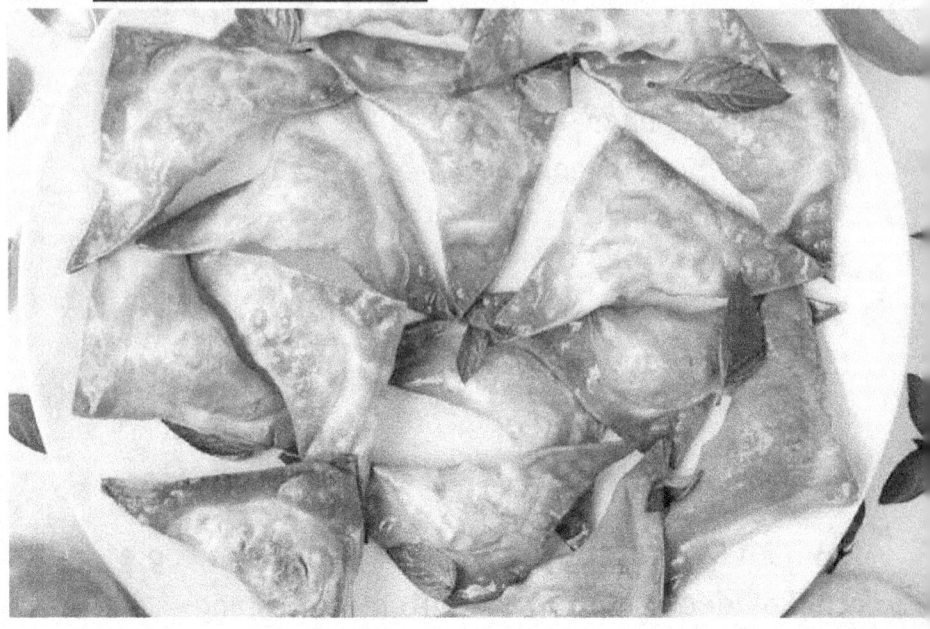

INGREDIENSER

Wonton indpakning
2 æbler, skrællet og skåret i tern
1 tsk kanel
2 spsk brun farin
1 spsk smør

INSTRUKTIONER

Smelt smørret i en gryde ved middel varme.

Tilsæt æbler i tern, kanel og farin i gryden og kog i 5-7 minutter, eller indtil æblerne er møre.

Læg en lille skefuld af æbleblandingen på hver wonton-indpakning.

Fugt kanterne af wonton-indpakningen med vand, fold på midten og tryk for at forsegle.

Varm en lille smule olie i en pande ved middel varme.

Steg wontons i 2-3 minutter på hver side, eller indtil de er gyldenbrune.

Serveres varm.

97. Jordbærflødeost Wontons

INGREDIENSER

Wonton indpakning
4 oz flødeost, blødgjort
1/4 kop pulveriseret sukker
1/2 kop hakkede jordbær
1 tsk vaniljeekstrakt
1 æggehvide, pisket
Vegetabilsk olie til stegning

INSTRUKTIONER

Kombiner flødeost, pulveriseret sukker, hakkede jordbær og vaniljeekstrakt i en røreskål.

Læg en lille skefuld af flødeostblandingen på hver wonton-indpakning.

Fugt kanterne af wonton-indpakningen med vand, fold på midten og tryk for at forsegle.

Opvarm vegetabilsk olie i en gryde over medium-høj varme.

Dyp hver wonton i æggehviden og læg den derefter i den varme olie.

Steg wontons i 2-3 minutter på hver side, eller indtil de er gyldenbrune.

Serveres varm.

98. Blåbær Lemon Wontons

INGREDIENSER

Wonton indpakning
1 kop blåbær
1/4 kop granuleret sukker
2 spsk majsstivelse
Skal og saft af 1 citron
1 æg, pisket
Vegetabilsk olie til stegning

INSTRUKTIONER

Kombiner blåbær, granuleret sukker, majsstivelse og citronskal og -saft i en røreskål.
Læg en lille skefuld af blåbærblandingen på hver wonton-indpakning.
Fugt kanterne af wonton-indpakningen med vand, fold på midten og tryk for at forsegle.
4. Dyp hver wonton i det sammenpiskede æg og læg det derefter i den varme olie.

Steg wontons i 2-3 minutter på hver side, eller indtil de er gyldenbrune.

Serveres varm.

99. S'mores Wontons

INGREDIENSER

Wonton indpakning
1/2 kop mini skumfiduser
1/4 kop chokoladechips
1/4 kop knuste graham-kiks
1 æg, pisket
Vegetabilsk olie til stegning

INSTRUKTIONER

Læg en lille skefuld miniskumfiduser, chokoladechips og knuste graham-crackers på hver wonton-indpakning.

Fugt kanterne af wonton-indpakningen med vand, fold på midten og tryk for at forsegle.

Dyp hver wonton i det sammenpiskede æg og læg det derefter i den varme olie.

Steg wontons i 2-3 minutter på hver side, eller indtil de er gyldenbrune.

Serveres varm.

100. Hindbærflødeost Wontons

INGREDIENSER

Wonton indpakning
4 oz flødeost, blødgjort
1/4 kop pulveriseret sukker
1/2 kop hindbær
1 tsk vaniljeekstrakt
1 æggehvide, pisket
Vegetabilsk olie til stegning

INSTRUKTIONER

Kombiner flødeost, pulveriseret sukker, hindbær og vaniljeekstrakt i en røreskål.

Læg en lille skefuld af flødeostblandingen på hver wonton-indpakning.

Fugt kanterne af wonton-indpakningen med vand, fold på midten og tryk for at forsegle.

Opvarm vegetabilsk olie i en gryde over medium-høj varme.

Dyp hver wonton i æggehviden og læg den derefter i den varme olie.

Steg wontons i 2-3 minutter på hver side, eller indtil de er gyldenbrune.

Serveres varm.

KONKLUSION

Vi håber, at denne Wonton-kogebog har inspireret dig til at udforske det kinesiske køkkens rige og forskelligartede smag. Uanset om du ønsker at genskabe en yndlingsret eller prøve noget nyt, er Wontons en lækker og alsidig mulighed, der kan tilpasses til enhver smag. Fra krydret svinekød og rejer til sød chokolade og banan, mulighederne er uendelige.

Vi opfordrer dig til at eksperimentere med forskellige fyld og madlavningsmetoder for at opdage dine egne unikke wonton-kreationer. Og frem for alt håber vi, at denne kogebog har givet dig glæde og tilfredshed i køkkenet. God madlavning!

www.ingramcontent.com/pod-product-compliance
Lightning Source LLC
Chambersburg PA
CBHW070346120526
44590CB00014B/1051